매화나무와 놀기

우희정 수필집

매화나무와 놀기

우희정 수필집

1판 1쇄 인쇄/ 2016년 7월 25일
1판 1쇄 발행/ 2016년 7월 29일

지은이 / 우 희 정
펴낸이 / 우 희 정
펴낸곳 / 도서출판 소소리

등록 / 제300-2007-21호
주소 03068 서울 종로구 혜화로35, 302-1호
(경주이씨 중앙회빌딩)
전화 / 765-5663, 010-4265-5663
e-mail: sosori39@hanmail.net
www.sosori.net

값 12,000 원

*잘못된 책은 바꿔드립니다.

ISBN 979-11-5891-055-6 03810

매화나무와 놀기

우희정 수필집

책을 내면서

그와 더불어

매화나무에 홀려 한겨울에 이사를 하고 세 번째 봄을 맞았다.

첫해는 몸도 마음도 바빴다. 우수 지나고 경칩 맞아 매화꽃이 벙글기만을 손꼽아 기다렸지만 소식은 더디게 왔다. 매일 들여다봐도 그날이 그날인 것 같아 조바심이 일었다.

틈만 나면 뜰에 나가 매화에게 말을 걸었다. 한동안 묵묵부답이던 그가 봄이 무르익은 어느 날 대꾸를 하였다.

'모든 게 때가 있는 법.'

햇살이 따스해지자 수수알갱이 닮은 탱탱한 꽃눈이 온 나무에 다닥다닥 솟구쳤다.

그날 이후 나는 나무와 놀며 배운다.

내 젊은 날, 계절로 치면 봄이었던 그때도 그랬다. 어찌 그리도 시간이 느리게 가는지, 하는 일마다 온통 조바심이었다.

마냥 느리기만 하던 세월이 언젠가부터는 쏜살같아 셈하는 것만으로도 머리가 아플 지경이었다.

그런 내게 다시금 시간의 흐름을 느리게 해주는 나무와의 만남은 행운이다. 아니, 함께 느껴워하고 장단을 맞추어주는 그가 옆에 있어 더 행운이다.

이제는 평온한 심정으로 때를 기다릴 줄 안다.

이 철없는 커플과 시시때때로 함께 놀아주시는 분들께도 진심으로 감사의 인사를 드린다.

2016년 보리누름에

草本堂 우희정

▷ 차 례

1. 비파를 그리며

2. 그 숲에 그 바람

3. 산다는 것은

4. 풍경과 사람

1.

비파를 그리며

눈빛만으로도 가슴이 보이고 숨소리만으로도 영혼이 들리는 남남이 어디 있으랴. 아무리 이름이 상사화라 한들 꽃도 잎도 같은 뿌리에서 왔거늘 돌아갈 곳도 한 데가 아니랴.

수국과 불두화

수국이 맑은 청빛으로 송이송이 꽃을 피웠다. 어림잡아 스무 송이 남짓한 꽃이 아침 햇살을 받아 영롱하다. 3년 전 평창에서 분양받아 올 때만 해도 젓가락만한 가지였는데 기특하게도 자리를 잘 잡아주었다. 제 고향의 기름진 땅과 신선한 공기를 떠나 비좁은 화분과 매연 그득한 도심에 강제로 이주 시켰건만 타박하지 않고 오로지 제 본분에 충실한 모습이다.

그 옆에도 경쟁이나 하듯 수국 몇 분이 지난겨울 혹독한 추위를 견디고 꽃을 피웠다. 짙은 청빛, 연분홍빛, 붉은빛으로 제각각의 빛깔을 지닌 채 뽐내고 있다. 보면 볼수록 탐스런 송아리의 매력에 끌려든다.

어느 해 늦은 봄날이었다. 도처에서 꽃향기가 손짓을 하니 그냥 집안에 있을 수가 없었다. 하여 횡성 깊은 골에 자리한 풍수원성당을 찾아 나섰다. 2백여 년의 역사가 말해주듯 성당의 빨간 벽돌은 먼빛으로도 고색창연하였다. 아담한 성당을 얌전히 받쳐든 듯한 언덕을 오르자 느티나무 한 그루가 다소곳이 반기고, 담장을 대신한 수국이 환히 불을 밝혔다.

언제 꽃방석에 앉아 볼런가. 잠시 가쁜 숨도 식힐 겸 지는 꽃이 소보록이 쌓인 곳에 염치 불구하고 앉으니 호사하는 김에 더 즐기라는 듯 머리 위로 꽃잎이 함박눈처럼 폴폴 흩날렸다. 하얀 공처럼 둥글게 보이는 꽃은 눈여겨보니 별을 닮은 수십 개의 알갱이가 모여서 하나의 송이를 이루었다. 서로 다닥다닥 붙어 의지하며 겨운 향연을 벌이고 있었다. 한데 이런 무식의 소치가 어디 있나. 지나가던 분이 수국이 아니고 '불두화'라 했다.

알고 보니 불두화는 외로운 꽃이었다. 꽃의 기능을 상실한, 날 때부터 불임은 그에게 주어진 천명이란다. 꽃과 곤충의 세계는 오묘하다. 제 스스로는 한 발짝도 뗄 수 없는 식물은 대부분 아름다운 자태에다 향기를 풍기고 꿀을 만들어 벌과 나비를 꾀어 수정이란 단계를 거친다. 더러는 속고 속이는 게임을 하듯 치열하고 어떤 경우에는 꽃 한 송이가 수술의 몸으로 태어나 암술로 마감하는 성전환을 하기도 한다. 그런데 이 무슨 운명의 조화인가. 암술도, 수술도 갖지 못하고 헛꽃만 잔뜩 피운다니. 아예 꿀샘조차 만들 수 없어 벌과 나비로부터 외면당하는 꽃, 꽃으로 태어나 이보다 더 수치스러울 수 없다.

하지만 절망의 뒤편에는 반드시 희망이 있듯이 그에게도 한 가지 위로 삼을 것이 있다. 꽃의 생김새가 마치 부처님의 머리 모양을 닮았다 하여 '불두화(佛頭花)'란 이름을 얻었다. 뿐만 아니다. 절마당에 자리잡고 마음껏 모양새를 뽐내며 스님들에게 귀한 대접을 받는다. 씨를 맺을 수 없지만 나름의 자구책으로 땅에만 닿으면 자신의 분신을 퍼트리는 그를 보면서 수도자들도 자연의 섭리를 깨우치는 것이리라.

하여튼 나는 그날 이후 수국과 불두화를 확실하게 분간하게 되었다. 작약은 풀이요, 모란은 나무이듯이 깻잎과 흡사한 이파리를 가졌으면 수국이요, 덩굴처럼 엉겨 무더기 무더기 겹도록 꽃을 피우면 불두화임을…. 그래도 나는 고집스레 수국과 불두화를 항상 함께 묶어서 생각한다.

나는 또한 청빛 수국을 처음 만난 날의 설렘을 지금도 기억하고 있다. 이국땅이어서 더 그랬을까. 아니면 동행의 분위기 때문이었을까. 일본의 작은 도시에서 초연하게 보슬비에 젖은 수국과 맞닥뜨리곤 이심전심 그 자리에 붙박인 듯 오래 서 있었다. 첫사랑을 가슴에 담았던 그때처럼 멀미기가 도지며 속이 울렁거렸다. 하얀 송이 불두화를 수국이라 여겼던 내게 그날

처음 본 청빛 수국은 또 하나의 아련함이었다.

한데 불두화의 꽃말이 '은혜와 베풂'인 반면 수국은 토양에 따라 꽃의 색깔이 변한다 하여 '변덕'이란다. 토양이 중성이면 흰색, 산성이면 청색, 알칼리성이면 분홍색으로 변하기에 변덕이라고 폄훼했지만 돌려 생각하면 몹시 순수하기 때문일 것 같다. 하얀 한지 위에 물감 한 방울을 떨어트리면 선명하게 배어들 듯 불순물이 섞이지 않은 순수를 나는 높이 사고 싶다. 아니다, 관용(포용)일 수도 있겠다. 잘잘못은 아랑곳없이 큰 목소리만이 무성한 이 시대에 자기를 내세우기보다는 상대의 뜻을 너그러이 품을 수 있는 관용. 그래서 우리집 수국의 꽃말은 '순수와 관용'이다.

요즘의 내 작은 소망은 마당이 있는 집에서 수국과 불두화를 풍성히 키워보고 싶다. 마당 한켠에 만개한 수국과 불두화를 바라보면서 고운 문우들과 시 한 수씩 낭송한다면 이보다 더한 호사가 어디 있으랴.

나는 지금 꿈만으로도 몽롱하다. (2013)

비파를 그리며

간절한 소원이 어느 날 기적처럼 이뤄졌다.

손바닥만큼이라도 좋으니 내 땅을 갖고 싶었다. 더도 덜도 말고 두어 평 정도면 바랄 게 없을 것 같았다. 그 땅에 과실나무 한 그루를 심고 귀퉁이 한 뼘쯤 남겨 도라지와 수국을 심었으면 했다. 한데 뜻밖에 작은 오두막이 키다리 아저씨의 선물처럼 주어졌다.

꿈같은 일이었다. 땅을 딛고 선 집, 금상첨화로 뒷담은 창경궁이 대신 둘러주었고 늠름한 매화 한 그루에 살구, 산수유, 주목에 모란까지 식구가 여럿이었다. 뿐인가, 뒤꼍에 딸린 한 뼘이 아닌 한 아름쯤 되는 땅에 그와 나는 철부지처럼 환호작약하였다. 엄동설한 동짓날 이사를 하면서도 춥지 않았다. 그날부터 오로지 봄이 오기만을 손꼽아 기다렸다.

긴 긴 겨울이 지나고 드디어 봄이었다. 그런데 사람의 마음은 이토록 간사하단 말인가. 꿈에 버금가는 횡재에 겁도 없이 간이 커져 더 욕심을 부렸다. 있는 식구나 잘 거둘 일이지 분수도 모르고 나머지 땅에 무엇을 심을 것인지 설왕설래하였던 것이다. 평소에도 마음이 끌린다 싶으면 몰두하느라 앞뒤 사정을 가리지 않는 이 대책 없는 커플을 누가 말리랴. 그와 나는 급한 마음을 앞세워 꽃시장으로 달려갔다.

애초에는 앵두나무 딱 한 그루만 모셔올 생각이었다. 그런데 이게 웬일인가. 앵두는 간곳없고 우리는 이심전심으로 '비파'라는 명찰을 단 나무에 요즘 아이들 말로 '필'이 팍 꽂혔던 것이다. 나무를 넘겨받아 집으로 돌아오는 내내 흥분하여 다른 생각은 할 겨를도 없었다. 홍조를 띤 그의 모습에 얼비친 내 자화상을 보았을 뿐이다.

의기양양하며 비파를 뒷마당 한가운데에 자리 잡아 주기까지 짧은 해가 모자랄 정도였다. 품새로 보아 키가 아주 클 것이라는 둥, 너무 깊게 심지 말라는 둥 제법 알은체까지 하면서….

반나절의 분잡을 떤 끝에 아주 큰일을 해낸 양 우린 마주보며 회심의 미소를 지었다. 장미과(科)에 속하는 비파(枇杷)는 과실과 잎 모양이 고전악기인 비파(琵琶)와 비슷한데서 유래했다는 설이 있고, 약 3천년 전의 인도 불전(大般涅槃經)에 약이 되는 '나무 중의 왕(大藥王樹)'이라는 기록이 있다나. 우리에게 나무장수는 비파 한 그루만 집에 들이면 가정상비약이 필요 없다고도 했다. 무슨 만병통치약장수처럼 어디에 좋고를 열거하던 그의 말에 혹한 것은 아니다. 오로지 '비파'라는 그 어감 때문이었다.

또한 근사한 이름에 걸맞게 애봄임에도 불구하고 짙푸른 청록의 이파리는 강직해 보였고, 꼿꼿한 줄기는 기개를 지닌 양 쉽게 범접할 수 없는 품위까지 지녔다.

한데 우리의 이 소동은 채 이틀도 못 가서 막을 내렸다. 다음날 한껏 들떠 자랑을 하는 내게 김선생님이 일침을 놓았던 것이다.

"그 나무는 이렇게 추운 지방에서 못 살지."

그제야 화들짝 호접몽에서 깨어난 나는 스스로의 어리석음을 확인하며 실소를 했다.

하지만, 이런들 어떠하며 저런들 어떠랴. 겨울이 되면 실내로 들이기 위해 다시 화분에 옮겨 심느라 또 한 번의 번잡을 떨면서도 마냥 뿌듯하였다. 그런 해프닝 속에서 아주 오랫동안 부러워하던 집을 떠올렸던 것이다.

그 집은 전철 선로 옆에 닿을 듯 붙어있었다. 빛바랜 슬레이

트 지붕에 얼기설기 두른 양철 담장, 녹슨 철대문은 옛날식 기차가 '꽤액' 기적을 울리면 제풀에 힘없이 무너져 내릴 것처럼 위태로워 보였다. 겨울이면 눈 속에 며칠씩 폭 파묻히기도, 여름이면 담쟁이넝쿨에 감싸이곤 했다.

몇 년을 그 곁을 스치듯 지나다니면서도 나는 그 집 주변이 흐트러진 모양을 보지 못했다. 층층이 일궈 만든 계단 닮은 남새밭은 언제나 정결했다. 아마 집주인은 동살 무렵이면 황토마당을 싸르락 싹싹 비질한 후 잡초를 뽑고 푸성귀에 물을 주는 모양이었다.

그런데 정말 우리가, 내가 그에 버금가는 집을 갖게 되었으니 흥분하지 않을 수 있으랴. 기왕에 우리 식구가 된 비파를 추운 계절이 오면 어느 시인처럼 솜이불이라도 둘러 애지중지 키우리라 마음먹는다. 어찌 알겠는가. '거문고와 비파'라는 뜻을 지닌 그 덕분에 금슬지락(琴瑟之樂)이 철철 넘쳐 그와 내가 더욱 알콩달콩해질는지. (2014)

부 채

꼭 전해 줄 게 있다며 그가 내민 것은 작은 접부채였다. 노란 바탕에는 어느 잡지에 실린 내 수필 한 구절과 그림이 다소곳하였다. 이게 웬 횡재인가. 그는 문단의 큰 어르신이고 나는 일천한 수필가 아닌가. 황공하여 몸 둘 바를 모를 지경이었지만 원래 표현을 잘 못하는 성격이니 달리 뜻을 전할 방법이 없었다. 워낙 인심 좋기로 소문난 분이니 까마득한 후배에게 주는 격려의 뜻이려니 여기기로 했다.

몇 주가 지났을까. 또 하나의 부채가 왔다. 물론 배달도 그가 직접 하였다. 지난번처럼 수필 한 구절과 그림이 담긴 부채를 주고 뒤도 돌아보지 않고 총총히 갔다. 몇 번의 계절이 바뀌어도 그는 여전히 전해 줄 게 있다며 왔고 그리고 갔다.

어느 날 문득 방안을 둘러보니 부채가 그득하였다. 접부채를 시작으로 원선(방구부채), 쥘부채, 미선(尾扇), 세미선, 곡두선(曲頭扇) 등등. 크기와 모양도 다양하여 같은 게 거의 없었다. 세모, 네모, 원형, 역삼각형…. 천천히 아주 천천히 꼭 꼭 짚어 세어보았다. 무려 아흔일곱 개. 정신이 번쩍 들었다. 아흔일곱 번째도 그는 전혀 머뭇거리지 않고 돌아서 갔다.

그 모습에 아쉬움을 느낀 것이 언제부터였는지 나는 알지 못한다. 아쉬움이 날로 진한 여운으로 가슴에 고이기 시작했고 그 깊은 곳으로부터 따뜻하고 부드럽고 향기로운 안개가 피어났다. 그렇게 돌아서 가는 그의 고독과 열정이 오롯이 전이되어 나는 많이 앓았다. 전해 줄 게 있다는 그의 말이 무시로 맴돌았다. 전해 줄 것! 그가 백을 채우기 전에 나는 그것을 분명히 받았고 모든 두려움을 이겨낼 용기를 얻었다.

부채는 팔덕선(八德扇)이라고도 한다. 시원한 바람을 일으켜 더위를 쫓아주고 파리나 모기 같은 해충을 쫓아준다. 가려운 곳을 긁을 수도 있고 악취를 날려버리고 곰팡이도 막아준다. 햇볕을 가려 그늘을 지워주고 피하고 싶은 사람이 오면 얼굴을 가릴 수도 있다. 그리고 춤이나 판소리 등 공연의 소품으로도 빼놓을 수 없다. 또한 액운을 막아준다고도 하였으니 부채의 용도가 그뿐이랴. 바닥에 앉을 때는 깔개로 쓰이기도 했고 아궁이의 불길을 더

세게 할 때도 요긴했다. 어린 시절 부엌에는 으레 낡고 그슬린 부채 하나 선반 어디엔가 꽂혀 있지 않았던가.

부챗살 수와 꼭지 모양, 선추의 종류에 따라 합죽선, 반죽선, 죽절선 등등 30여 종에 달하는 접부채, 그중에서도 그가 직접 그림을 넣은 화선을 나는 제일 좋아한다. 하여 여름날이면 수시로 부채를 손에 든다. 부채가 가진 팔덕선 중 그 첫 번째인 더위를 쫓는 일도 무시할 수 없지만 그보다는 부챗살을 펼칠 때면 엄전스레 모습을 드러내는 풍광으로 하여 한껏 호사를 누리는 편이다.

그래서 해마다 단오를 맞으면 창포물에 머리를 감지는 못할망정 부채를 마련한다. 작년에 쓰던 것은 고이 모셔두고 새 부채를 그려달라고 그에게 조른다. 그토록 수시로 부채를 갖다 줄 때는 언제고 이젠 열정이 식었다며 엄포를 놓으면서 더위 맞을 준비를 한다. 옛날에 임금이 단오를 맞아 신하에게 더위를 이겨 건강하라는 뜻이 담긴 부채를 하사했다지만 나도 그에 버금갈 셈을 챙기고 있는 것이다.

우리는 지금 운명처럼 한 집에 살고 있다. 굳이 말하자면 우리는 부족하면 부족한 대로 서로에게 부채의 덕성을 모두 바치고 있는 것이다. 고단할 때도 속상할 때도 그가 그려준 부채를 바라보면 나도 모르게 행복감에 젖어든다. 그리고 뭉클한 가슴으로 기도를 드리게 된다. (2015)

약육강식

2층 철계단에서 우당탕거리며 누런 개와 회색무늬의 고양이가 치열한 싸움을 벌이고 있다. 날카로운 고양이의 비명이 들린다. 두 녀석이 한데 엉켜 엎치락뒤치락하지만 한눈에 봐도 덩치 큰 개가 고양이를 물어 죽이려는 기세였다. 대여섯 발자국 건너 꽃밭에 풀을 뽑던 나는 바로 눈앞에서 벌어지는 싸움에 기함을 했다.

당하는 녀석도 만만찮아 어느 순간 개는 1층 좁은 바닥으로, 고양이는 계단 아래로 동댕이쳐졌다. 땅바닥으로 떨어진 개는 필시 죽었을 텐데 저걸 어찌 치우나 하는 순간 전광석화같이 다시 튀어 오르는가 싶더니 상대를 공격한다. 한 번 더 일촉즉발의 상황에서 고양이가 도망을 친다. 그제야 보니 누런 녀석도 개가 아니라 고양이다. 큰 덩치와 털 색깔 때문에 개로 착각을 한 것이다.

그 소란을 떨고도 녀석은 황망히 서 있는 내게는 미안한 기색 없이 3층 옥상까지 한 바퀴 쓰윽 둘러보고는 당당한 품새로 사라진다. 주인인 나는 안중에도 없고 제가 이제부터 이 집을 접수했다는 듯이. 괘씸한 녀석 같으니라고….

단독주택으로 이사를 하고 보니 우리보다 먼저 이 집을 찜한 것들이 많았다. 그 가운데 대표적인 게 길고양이였다. 이들은 마치 약속한 듯 일정한 간격으로 순찰을 돌았다. 검은 점박이, 오늘 졸지에 습격을 당한 회색무늬, 꼭 비루먹은 듯 푸석푸석한 털의 갈색이, 그렇게 세 녀석이었다.

이들은 그동안 평화롭게 순번 맞추어 저들의 길로만 다녔다. 주방 창문 너머로 보이는 뒷담은 창경궁이기도 한데 주춧돌에 '訓練都監(훈련도감)'이라고 음각이 되어있어 우리는 그들을 순라군(巡邏軍)으로 치부하고 종종 먹다 남은 고기 부스러기를 뇌물로 바치던 참이었다.

그런데 오늘 그 평화가 깨어진 것 같다. 팽팽한 살기다툼. 그것은 한 발 물러설 수 없는 생명을 가진 동물, '숨탄것'의 생존경쟁이다. 아, 세상살이가 새삼 숙연하고 살벌해진다.

(2015)

상사화를 기다리며

이른 봄이었다. 매화나무 아래 흙이 봉곳하였다. 자세히 보니 부추처럼 생긴 연초록 싹이 수없이 솟구치고 있었다. 마음으로 듣는 새싹의 재잘거림이 그 여름날처럼 또다시 나를 아련하게 하였다.

꽃과 잎이 만나지 못해 서로 그리워하다 상사가 난 것 같다 하여 상사화라기도 하고 이별초라고도 한단다. 봄에 먼저 핀 잎이 여름 끝 무렵 지친 듯 땅속으로 녹아들면 그제야 불쑥 꽃대궁이 올라온다. 칠월칠석을 전후해서 대궁을 솟구치는 상사화는 견우와 직녀의 전설을 알고 있는 것일까. 행여 그들처럼 단 하루라도 만날 수 있는 간절함으로 분홍 꽃잎을 내미는지 모른다. 그러나 아무리 애간장을 태운들 타고난 숙명을 어찌

거부하랴.

서산마애불 앞에서 열두 갈래로 피었던 상사화가 오래도록 머릿속에서 떠나지 않았다. 그 상사화는 열두 손을 가진 약사여래를 닮아 있었다. 꽃잎 속에서 다소곳이 솟구친 노란 수술이 선명했지만 그리워만 하고 사랑을 이루지 못함을 알기에 더욱 처연해 보였다. 애연하기 짝이 없던 그 모습이 눈에 밟혀 작년 봄 매화나무 아래에 상사화 스무 뿌리를 심었던 것이다. 그리고 이제나저제나 움이 트기를 노심초사 기다렸건만 한 장의 이파리도 내밀지 않았다. 아니, 여름 지나 가을이 깊도록 흔적조차 없이 애만 태울 뿐이었다. 알뿌리가 여름 장마에 다 녹아버렸는가 싶었다.

몇 해 전, 선운사 상사화가 입소문을 타고 유혹을 하기에 간 적이 있다. 잔뜩 열에 들떠 갔더니 꽃무릇이었다. 그나마도 객혈을 하듯 아래로 쏟아져 땅을 핏빛으로 물들이고 있었다. 잎과 꽃이 만나지 못함은 비슷하지만 상사화와는 전혀 다른 꽃이지 않은가. 서산마애불 앞에서 만났던 그 애잔한 빛을 기대하던 나는 실연당한 심정으로 허탈해져 돌아서다가 내친걸음이니 절집이라도 가슴에 담아보자 싶었다.

새로 지은 천왕문이 앞을 가로막아 올려다보니 단청의 채색에 세월이 앉지 않아서 짙게 화장한 여인만 같았다. 절마당은

인파의 발길에 먼지가 자욱하고 만세루는 차방이 되어 속인들의 엉덩이에 눌려 신음하는 듯하였다. 부처님의 큰 귀로는 소리도 더 많이 들릴 법한데 바로 코앞에서 이처럼 떠들어대다니. 그런 풍경이 다 절집의 유명세 탓인 것 같아 씁쓸하였다.

대웅전 앞 배롱나무 두 그루가 그런 부처님을 위로하듯 붉디붉고, 그를 흉내내는 양 요사채 옆의 후박나무 두 그루도 의젓한 품새로 푸름을 자랑하고 있어 그나마 다행이었다. 도솔암 바람골을 타고 내려오는 개울물에 들앉은 참나무 그림자가 맑아서 헛걸음만은 아니라고 마음을 다독인 터였다.

마침내 상사화 싹이 텄으니 잎 지면 꽃도 볼 것이고 나는 또 꽃과 더불어 그 상사를 애틋해 하리라.

그런데 상사화를 바라보는 옆지기의 눈길이 내 가슴을 찌른다. 언젠가는 맞게 될 이별을 미리 헤아리는 그의 속내를 내 어찌 짐작이나 하였으랴. 봄 햇살에 취하고 새순을 반기며 꽃이 벙글 그날을 기대하며 흥분하던 내 마음이 실로 무참하였다. 이래서 부부는 남남이라고 하는가.

아니다. 눈빛만으로도 가슴이 보이고 숨소리만으로도 영혼이 들리는 남남이 어디 있으랴. 아무리 이름이 상사화라 한들 꽃도 잎도 같은 뿌리에서 왔거늘 돌아갈 곳도 한 데가 아니랴. (2016)

보고 있어도 보고 싶은 당신

보고 있어도 보고 싶은 당신, 이제 선연한 가을입니다. 지난 여름은 길고 긴 무더위에 태풍까지 몰아쳐 많이 힘들었습니다. 그래서 이 가을이 더욱 미쁘게 느껴지는 것이겠지요.

며칠 전 우리는 장장 11시간의 비행 끝에 프라하 공항에 도착했었지요. 그곳에서도 두 시간을 더 달려 소도시에서 하룻밤을 묵고 아침 일찍 는개 내리는 길을 나서 줄곧 자는 시간만 빼고는 성지를 순례했습니다.

지금도 끊어질 듯 이어지는 광활한 들판에 서로 등을 기대고 있는 마을이 보입니다. 마을마다 가장 눈에 잘 띄는 곳에 성당이 우뚝하네요. 이곳에서는 산 자와 죽은 자가 더불어 살아간다고 합니다. 오래된 성당에 묻히는 것은 누구에게나 영광이랍니다.

오직 신에게 봉사하기 위해 태어나 세상을 살아가던 신본주의 시절, 신에게 할 수 있는 가장 주된 일이 신전을 짓는 일이었음은 후세의 우리에겐 참으로 크나큰 축복입니다. 신을 기쁘게 한 미다스의 손으로 하여 이렇게 몇 백 년 뒤의 우리 눈이 호사를 합니다.

당신과 나, 하느님의 자녀가 되어 처음 맞는 가을에 누리는 호사임에 더 감격스러운 거지요. '처음'이란 단어를 곱씹다보니 하느님 말씀을 처음으로 접하고 돌아오던 날 짓던 당신의 쑥스러운 미소가 떠오릅니다.

"누구, 천당 보내기 힘드네."

그래요. 딴 사람이 들으면 곡해하기 쉬운 그 말이 나는 참 듣기 좋았답니다. 실은 70평생 교만하고 냉소적으로 살았던 당신이 처음 하느님께로 마음문을 열던 모습이지요. 그 품새가 마치 내게 첫 프러포즈를 하던 그날과 흡사하기도 했답니다.

당신과 나, 먼 길을 돌아 뒤늦게 만났습니다. 맑고 청청하던 시절 다 흘려보내고 인생의 늦가을에야 우리 인연이 겨우 맞닿은 것입니다. 모르시지요, 당신이 얼마나 커다란 그림자로 내 앞에 다가섰는지를요. 어느 날 갑자기 내 앞에 우뚝 버티고 서던 큰 산, 바로 당신이었습니다. 하지만 곧 어둠이 닥칠 저물녘에 다시 시작한다는 것은 당신이나 나나 큰 용기가 필요했답니다.

"언제 죽을지 모를 사람이 젊은 사람 앞길 막는 것 아닌지 몰라."

지인에게 한 당신의 그 말이 내 결정을 확고하게 했답니다. 사랑에는 국경도 없다는데 그까짓 나이차가 무슨 문제인가요. 사랑이 젊은이들만의 전유물은 아니잖아요. 절실하기야 젊은이들에 비할 바가 아니고요. 우리에게 주어진 시간이 얼마 되지 않는 것 같아 더 안타깝고, 더 서러울 뿐.

'내 목숨을 떼어 당신 목숨에 잇댈 수만 있다면….' 한때는 이런 생각을 품은 적도 있지만 지금은 아닙니다. 모든 것이 그분의 뜻임을 알았으니까요. 영원을 약속 받은 마당에 세속적인 시간을 아쉬워할 필요가 없어졌답니다.

그동안의 죄를 씻고 하느님의 자녀로 새롭게 태어나던 날 우리는 또 다른 특별한 의식을 치렀지요. 신부님의 집전으로 치러진 혼인성사. 당신과 나는 그제야 완전한 한 몸이 되었던 것입니다.

조금 전 빈의 상징인 슈테판사원에서 기도를 올리고 나오며 당신은 상기된 표정으로 말했지요. 같은 장소에 몇 번이나 왔는데도 믿음이 없던 때와는 느낌이 확연히 다르다고요.

나요? 하늘을 찌를 듯한 사원의 첨탑과 정교하기 짝이 없는 내부의 조각들은 쳐다보는 것만으로도 황홀 그 자체였지요. 한데 그보다도 더 명치끝을 뻐근하게 한 감동은 역사 깊은 성전에, 그것도 예수님과 성모님상 앞에 당신과 더불어 무릎 꿇을 수 있음이었답니다.

화려한 모자이크 지붕이 인상 깊던 헝가리의 마차시성당과 5백여 년이나 걸려 지었다는 웅장한 프라하의 비트성당 등등…. 며칠 동안 둘러본 그 이름조차 다 외울 수 없는 성지들이 당신과 함께여서 더 큰 울림으로 다가왔음은 말할 필요도 없지요.

보고 있어도 보고 싶은 당신, 당신과 내가 오랜 방황 끝에 만났지만 뜨거운 열정으로 서로를 그리워하듯 하느님과의 사랑도 더욱 깊어지리라 믿고 싶습니다.

이 가을은 하느님이 우리에게 준 더없는 선물입니다.

(2012)

'나'를 그리는 소리

들리지 않는 소리에 끌려 길을 나선다.

토함산 동쪽 능선이 끝나는 지점, 골 깊은 개울 건너 수풀을 헤치고 코를 땅에 박다시피 하며 오른다. 어느 순간 하늘이 뻥 뚫린다. 감탄사가 절로 터진다. 바로 거기, 신라인의 숨결이 있다. 먼먼 옛적 사람의 손길이 멈추어 있다.

바람에 살을 씻으며 서 있는 황톳빛 석탑, 장항리사지 5층석탑이다. 도굴꾼들에 의해 폭파된 석탑을 겨우 모아놓았으니 엉성하기 짝이 없다. 몸돌에 쇠고리의 장식까지 새긴 문을 인왕상이 눈을 부라리며 양쪽에서 지키고 있지만 탐욕의 손을 막기에는 역부족이었나 보다. 찾지 못한 나머지 분신들은 어디에서 자신을 드러내려고 안간힘을 쓰고 있을까. 투명한 잉크를 군데

군데 듬뿍 풀어놓은 듯한 하고초가 삭막한 정경을 그나마 위로해준다.

이들의 자취만으로는 직성이 풀리지 않아 다시 남산의 귀퉁이를 오른다.

개울가 돌비알에 기대어 선 석불여래좌상을 올려다본다. 늘씬한 신체에 양 어깨에 걸친 얇은 가사의 주름이 산들바람에도 펄럭일 듯하다. 왼손은 손바닥을 펴 결가부좌한 발 위에 놓고 오른 손가락은 땅을 가리킨다. 원래 이 손모양은 부처님이 보리수 아래서 성도하실 때 마군을 항복시키고 지신(地神)으로 하여금 증명하게 한 데서 유래하여 항마촉지인〔降魔觸地印〕이라 한단다.

그런데 이곳의 여래상도 머리를 잃어버리고 몸뚱이로만 있다. 뿐만 아니라 경주박물관 뜰에도 신체의 일부가 떨어져나간 부처들이 많다. 나는 이들을 볼 때마다 안타깝다. 떨어져나간 몸의 일부를 애절하게 그리고 있을 터인데 우리의 무디고 어리석은 귀로는 알아들을 수 없는 것은 아닌지.

눈보라와 비바람에 자연적으로 훼손된 경우도 있지만 더러는 사람의 손에 의해 내동댕이쳐졌다고 하니 더욱 그렇다. 이유야 어찌됐든 원래 한 몸이 따로 따로 떨어졌으니 그리움과 기원이 오죽하랴. 그 염원이 하늘에 닿았는지 목이 잘린 채 수세기 동안 방치되었던 불상의 머리가 바위틈에서 발견되어 1,200년 만에 제 모습을 찾았다는 소식도 있다. 어쩌면 이 여래상도 지금 이 순간 간절히 잃어버린 제 몸뚱이를 부르고 있는지 모른다.

그가 말했다.

"우리가 조금만 더 일찍 만났더라면 좋았을 것을…."

그 말이 내게는 '좀 더 젊었을 때, 좀 더 경제적인 여유가 있었을 때 만났으면 너를 위해 뭔가를 해 줄 수 있었을 텐데'라는 뜻으로 전해져 콧등이 시큰했다. 불가에서는 부부의 연이 닿으려면 8천 억겁을 기다려야 된다고 한다. 어쩌면 그는 억겁의 세월에 비해 우리에게 주어진 시간이 턱없이 짧음을 아쉬워해서일 것이다. 아무려면 어떤가. 기나긴 시간이 흘렀을망정 머리를 찾은 불상처럼 이제라도 닿은 우리의 인연에 나는 목이 메는 걸.

추령고개에서 뻐꾹새 울음소리에 길을 멈춘다. 어디서 날아왔는지 호랑나비 한 마리 날갯짓하며 꿈을 보태고 자욱이 몰려온 안개에 밀려 다시 길을 재촉한다.

(2011)

가을여행 셋

붉은 마음 · 하나

일주문 지나니 함지박만한 돌 두 개에 음각으로 새겨진 '洗心洞'과 '開心寺'가 길을 안내한다.

마음을 씻고, 마음을 열라? 그동안 얼마나 마음의 문을 꼭꼭 닫아걸고 상대를 내 생각에 맞추려고 억지를 썼는지 돌아보라는 듯하여 그 옆에 쭈그려 앉는다. 방금 내가 걸어온 길을 바람이 휘이익 소리를 내어 긴 비질을 하고 지나간다. 그 자리에 솔향기가 삽상하다.

어렸을 때부터 고집이 세다는 지청구를 들었다. 똑 부러지는 성격이라고도 했다. 특히 울음 끝이 길었다. 뜻이 이루어지지 않으면 울음보를 터트렸고 나중에는 스스로 그만 울어야지 하면서도 그게 생각처럼 쉽지 않았다.

집안 어른들이 "네 말이 옳다, 그래그래" 하며 반자를 해줬다. 그래서 아이는 정말로 자신이 하는 일은 뭐든지 옳다고 여겼다. 그대로 자랐으면 기고만장해졌을 게 불을 보듯 뻔하다. 그래서일까. 결코 만만치 않은 길이 내 앞에 오래도록 펼쳐졌다. 부모님의 불화는 곧 내가 설 곳을 돌짝밭으로 만들었다. 친척집을 전전하며 눈칫밥을 먹다보니 일찍 철이 들었다. 또래에 비해 어른스럽다 했지만 실상은 철통같이 마음을 닫아걸었음이다.

뿐만 아니다. 제대로 된 사랑 한 번 못해보고 실패했으니 애증만 쌓여 세상의 남자들은 다 '못 믿을 손' 같아 더더욱 굳건히 빗장을 질렀다. 거기다 근 30여 년 홀로 살며 높은 담을 쌓았으니 어찌 쉽게 허물 수 있으랴. 그러니 뒤늦게 찾아온 사랑 또한 낯설었다. 아니, 사랑하는 방법이 서툴렀다. 그를 많이 힘들게 하고난 후에야 비로소 닫힌 문 앞에서 외로웠을 그가 보였다.

구불구불 가파른 산길을 다시 오른다. 한참을 올라도 나무들의 갖은 품새 춤사위만 있을 뿐, 절간이 보이질 않는다. 날은 저물고 조바심이 일 무렵에야 앞선 그의 어깨너머로 하늘이 빨갛게 열린다. 대웅전의 단청이려니 여기고 급히 몇 발자국 내

딛는데 상상 외로 배롱나무다. 수없이 울퉁불퉁 옹이진 몸을 비틀어 뻗은 가지의 꽃빛에 눈이 현란하다. 얼마나 오랜 풍상을 견뎠기에 커다란 양산을 펼친 듯 저토록 깊은 그림자를 만들 수 있을까.

어찌 나무만 그러랴. 사람도 나이 듦이 공것이 아님을 나는 안다. 그러니 나보다 20여 년 앞선 그의 나이가 오히려 내게는 삶의 이치를 배우는 스승이겠다. 생각을 뒤집으니 이루어질 수 없다고 미리 선을 그었던 그와의 여러 가지 이유들이 한꺼번에 사라진다. 이런 것을 인생의 묘미라고 하는 것일까.

'경지(鏡池)'라는 이름에 걸맞게 연못이 배롱나무를 안고 있다. 배롱나무, 그는 자신을 비춰보는 것만으로 부족한지 꽃잎을 떨어트려 붉은 마음을 전한다. 그도 마음 활짝 열므로 저처럼 겨운 꽃을 피울 수 있는 것이리라. 거울 같은 수면에 뜬 꽃잎을 바라보며 그와 나란히 배롱나무 아래에 앉는다. 금방 두 사람의 모습이 연못에 뜬다. 누군가가 말했다. 사랑은 서로를 바라보는 게 아니라 나란히 앉아 같은 방향을 보는 것이라고.

종소리가 들린다. 동종소리에 끌려 구부러진 돌계단을 올라서는데 해탈문이 열려있다. 기울어진 해탈의 문지방을 넘는다. 나는 지금 굴레에서 벗어나는 것일까. 사랑의 얽매임 속으로 드는 것일까? 아무러면 어떠랴, 오늘은 꽃바람에 마음을 씻고 종소리에 마음이 열리고 있으니.

붉은 바람 · 둘

말복이 지나면 무더위가 한풀 꺾일 줄 알았다. 하지만 복날 지난 지 한참이건만 더위는 지칠 줄 모르고 기승을 부렸다. 그런 만큼 저만치에서 늦장을 부리는 가을이 그리웠다. 마침 누군가가 봉화 깊은 골에 가면 특별한 소리를 만날 수 있다고 했다. 그러니 그냥 있을 수 없지 않은가.

청량사 가는 길은 걸음을 떼는 만큼씩만 풍광만 보여줄 뿐, 도저히 그 깊은 속내를 짚을 수 없다. 헤아릴 수 없는 세월에 구멍이 숭숭 뚫린 바위가 수문장처럼 늘어선 산길은 숨이 차고 힘이 들었다. 깎아지른 길이 계속 이어지자 후회가 되어 돌아설까 하였다. 하지만 계곡을 따라 스멀스멀 피어오른 골안개의 신비스러움에 끌려 걸음을 재촉하였다.

가파른 길에 누군가 계단을 만들어 두었다. 아빠와 함께인 아이가 그 계단을 내려오고 있다.

"… 90, 91, 92, 93, 94, 95."

청아한 녀석의 목소리가 하늘로 솟구친다. 아직도 몸을 감추고 있는 절집을 어림짐작하며 계단에 선다.

"아흔다섯, 아흔넷, 아흔셋…."

인생의 가을쯤에 들어선 내가 봄 같은 아이의 흉내를 내어본다. 한 계단씩 오르다보면 나도 저 아이만큼 푸르던 유년의 기억에 가 닿을 수 있으려나. 구새먹은 나무 사지를 벌리고 서 있는 모퉁이에서 잠시 숨을 고르는데 육육봉이 힘을 내라고 채근한다. 금방 손에 닿을 듯한데 모퉁이를 돌면 아직도 길은 이어져 있다. 얼마쯤 내처 걷다보니 그제야 하늘이 빠끔히 열린다. 노을을 받아 금빛으로 물든 바위에 이끼가 달마대사의 모습을 새겨놓았다.

예까지 힘들게 온 길손을 배려하려는 듯 마침내 철도침목으로 길을 이어놓았다. 그 길을 따라 통나무 속을 파내어 물길을 낸 그 마음이 따스하다. 층층이 아래로 이어진 물길을 따라 톰방, 톰방, 한 방울씩 떨어지는 물소리가 청명하게 안긴다. 마침 이른 낙엽 한 잎 어릴 적 띄운 종이배처럼 물 위에 서정을 보태며 흘러내린다.

드디어 절집이 보인다. 세상을 내려다보아야 절인가. 청량사는 혼탁한 세상을 안 보겠다는 듯 태극의 무늬쯤 되는 깊숙한 곳에 안긴 절집이다. 아니 소문에는 열두 봉우리 연화봉 한 가운데 연꽃의 꽃술자리에 자리 잡은 절이라고도 한다.

안심당의 작은 팻말이 반기며 묻는다.

'바람이 소리를 만나면?'

눈을 감고 귀를 연다. 과연 속세의 티끌 묻은 귀로도 바람이 소리를 만나는 것을 엿들을 수 있으려나. 골을 타고 내리는 바람이 가슴 속으로 파고든다.

붉은 길·셋

분명 나는 사랑에 빠졌다. 마음은 벌써 그에 가 닿아있으니까. 참다 참다 어찌 해볼 도리가 없을 때면 나는 길을 나선다. 몇 개의 고속도로와 국도를 번갈아 달려 불영계곡을 지날 무렵이면 내 설렘은 최고조에 달한다. 울진하고도 삼당리, 근 30여 리에 길게 펼쳐진 분홍빛 꽃구름으로 그는 거기 피어있다.

오늘도 알몸으로 붉디붉은 불을 이고 있는 나무백일홍이 꼬부랑길을 온통 수놓고 있다. 그도 나처럼 사랑에 빠진 것인가. 누가 그토록 그의 마음을, 그의 온몸을 달구었기에 견디지 못하고 불을 뿜는가. 덩달아 내 가슴도 달아올라 식힐 길 없으니 정말 큰일이다.

배롱나무 또는 나무백일홍으로 불리는 그가 있는 길이 많이 생겼다. 백암온천의 가로수는 묵은 나무답게 농익은 여인의 체취를 풍긴다. 그러나 이곳 울진의 배롱나무들은 청상처럼 애련하다. 그래서 나는 해마다 복중(伏中)이면 그들을 만나러 이곳에 온다. 이들은 아직 어려 따로 떼어서는 별로 돋보이지 않지만 군락을 이룬 모습은 가히 장관이다.

어깨동무를 하여 소실점을 이루듯이 길게 펼쳐진 정경을 먼빛으로 보면 분홍구름이 땅 위에 사뿐 내려앉은 듯하다. 아니지, 분홍이불을 펼친 듯하다. 매번 이 분홍이불의 끝머리 어디쯤에서 하룻밤을 지새우고 새벽길을 되짚어 두어 번 더 오간 뒤에야 나는 아쉬운 발길을 돌릴 수 있으니 이 노릇을 어이하면 좋을지.

오늘은 시샘하듯 내리는 비에 젖어 꽃빛 내 길이 온통 더 붉다. 이 붉음을 내 가슴에 품어 다독여야만 나는 여름을 보내고 비로소 가을을 맞이할 수 있는 것이다. (2010)

어이 배기랴

노란 산괴불이 지고 있다. 애목련은 바람에 간지럼 타듯 꽃잎을 떨어트리고 무늬호장초는 색깔을 바래느라 분주하다. 애호랑나비의 삶터이기도 한 족도리풀은 진보라 꽃을 뿌리 근처에 감추고 시침을 떼고 있다. 애호랑나비의 분신은 어디쯤에서 지금 이 순간 탈피를 하고 있을까.

얼마쯤 몽롱하고 느긋하게 식물원을 거닐다 나는 채 피지 않은 모란 앞에 감전된 듯 멈춰 섰다. 일찍 핀 꽃들 잘난 척 말라는 듯한 모란의 도도한 자태라니. 남들 다 시새울 때도 초연하기 만한 몸짓. 그 인내와 끈기로 더 화려한 꽃을 피우는 것이리. 긴 365일 중 짧은 닷새의 개화를 위해 기울이는 온전한 기다림을 어찌 애달프다 않으랴.

곁에서 서성이다 보면 금세 꽃망울이 터질 것 같아 맴돌다 발길을 돌린다. 아쉬운 마음에 소녀의 젖멍울을 닮은 봉오리를 살짝 건드리니 탱탱한 꽃잎이 파르르 떨린다. 벌어진 꽃잎 사이의 노란 수술이 이내 쏟아질 것만 같다. 줄기를 따라 솟구쳐 올라온 뜨거운 짙붉음이 오롯이 내게로 옮겨온다.

아! 오늘 같은 날, 사랑하지 않고 어이 배기랴.

(2010)

나는 맹마(盲馬)입니다

- 폴란드의 비엘리츠카 소금광산에서

거기 당신, 저 좀 보셔요. 아 참, '신의 영광을….' 이곳에서 살아남기 위해서는 신의 가호가 필요하답니다.

조금 전 당신은 378개의 계단을 밟고 몇 백 년의 시간을 거슬러 총총히 내려왔지요. 빛살 부신 지상에서 64미터 깜깜한 지하로 곧장 내려온 것입니다. 내부 길이가 3백 킬로미터에 달하는 이 광산은 7백 년 동안 소금 채굴을 하던 곳입니다.

당신은 잘 정비되어 흰 소금꽃이 화려하게 피어난 굴을 따라 지하 대성전에 도착했지만 까마득한 그 시절의 우린 이 블랙홀 같은 암흑세계에서 오로지 신에게 매달릴 수밖에 없었답니다. 180개 이상의 갱과 2천여 개의 방들은 저절로 생긴 게 아니랍니다. 수없이 죽어나간 목숨과 맞바꾼 흔적들이지요.

이곳 광산노동자들이 남긴 작품에 당신은 꽤 감동을 받으시던데요. 그중에서도 가장 큰 광장에 세워진 '축복받은 교회'의 웅장함에 덜컥 가슴이 내려앉는다고 옆 사람에게 속삭이는 소릴 들었답니다. 그것은 눈에 보이는 아름다움보다는 그 속에 깃든 얼을 제대로 본 거라고 믿습니다.

예수님의 탄생과 고난의 생애를 표현한 벽화가 이제 막 천주교에 눈을 뜬 당신에게 의미심장하게 다가서지 않나요? 25센티나 되는 깊이로 완벽한 원근감을 표현한 '최후의 만찬' 앞에서는 종교를 초월하여 모두가 발걸음을 멈추지요. 샹들리에조차 암염으로 빚은, 상상을 넘어서는 화려함과 아름다움에 무덤덤한 가슴이 어디 있을까요.

이 예술품이 어둠 속에서 돌소금을 캐내던 사람들의 피의 결정체임은 새삼 말할 필요가 없지요. 하지만 이 모든 게 정과 망치로 소금을 쪼던 이들의 노고만은 아닙니다. 그중에는 아주 색다른 일을 한 사람들도 있었답니다.

'고행자'란 이름으로 불린 이들은 밖으로 빠져나가지 못해 폭발하기 일보직전의 가스를 불붙은 솜방망이로 태우고 다녔지요. 이 일은 열 명 중 한 명을 화염에 휩싸이게 했답니다. 여차하면 자신의 몸뚱이를 태웠으니 그 참상은 말로 설명하기 힘들지요.

그저 당신은 적선하듯 한숨 한 번 폭 쉬고 발길을 돌리네요. 하기야 위험한 것이 어디 그뿐일는지요. 돌소금을 쪼아 만든 계단은 닳고 닳아 자칫 발을 헛디디면 끝없이 추락하고 언제 무너질지 모르는 채굴작업은 또 어떻고요.

이렇게 말하고 있는 내가 누구냐고요? 나는…, 나는 눈 먼 말(馬)입니다. 죽는 날까지 어둠밖에는 아무것도 볼 수 없는 천형, 이게 내게 주어진 숙명이랍니다. 하지만 제 눈 멀어 인간 세상에 없어서는 안 될 소금 생산에 기여했음에 위로를 삼는답니다. 뿐인가요. 죽어서조차 살았을 때의 모습 그대로 밀납인형이 되어 당신들을 맞고 있으니까요.

경주마와는 다른, 아랫다리 부분이 털로 뒤덮여 토시를 한 듯하고 몸이 통통한 나는 원래부터 일을 하기 위해 태어난 동물입니다. 이미 성장한 큰 덩치로는 이 깊은 수직의 지하로 데려 올 수 없으므로 나는 새끼 때부터 이곳에서 키워졌습니다. 긴긴 날 햇볕을 볼 수 없으니 어느 동굴의 물고기처럼 자연히 눈이 퇴화할 수밖에요. 그래요, 나는 장님입니다.

앞은 볼 수 없지만 기중기를 돌리는 힘이야 우릴 따를 것이 없었지요. 당신이 사는 곳에서는 연자매를 돌리는 소나 말의 눈을 가린다지요. 무슨 상관이겠어요, 이미 내게는 세상이 온통 가려져있으니. 지구를 돌리듯이 그냥 무심히 연자매를 돌려도 멀미 따위는 얼씬도 못한답니다.

가끔은 앞 못 보는 내 처지를 비관했던 적도 있어요. 기왕에 태어날 바에야 사람을 태우고 멋진 폼으로 보무도 당당하게 광장을 돌거나 아니면 바람을 가르며 초원을 달리는 경주마였으면 하구요. 하지만 그도 욕심이라면 다음 생에서는 우주에서 가장 아름답다는 지구를, 그 지구 위에 펼쳐진 자연 풍광을 내 눈으로 직접 볼 수 있었으면 좋겠다는 기원을 간절히 했답니다.

아까 보셨지요. 백설공주와 일곱 난장이가 조각되어 있는 방말이에요. 암흑세계라고 꿈조차 없는 것이 아니었지요. 이곳의 사람들 모두가 품고 있던 간절한 꿈은 곤고한 삶을 지탱하는 힘이었음이 분명합니다. 그러니 죽음과 맞닥뜨린 그 순간까지 그토록 묵묵히 맡은 바 소임을 다하지 않았겠어요.

생각에 푹 빠져 걷던 당신이 내 앞에서 발걸음을 멈추고 한참이나 떼지 못하던 모습은 내겐 가슴 철렁하는 감동이었답니다. 아니, 그보다 더 큰 충격은 당신이 이 땅 속 성당의 제단 아래 무릎을 꿇고 나를 위해 기도를 한 자락 올려 준 거랍니다.

고마워요. 구천을 떠돈 지 수백 년인 내게 당신의 기도가 머잖아 푸른 지구를 볼 수 있는 선물이 될 것 같으니까요. 안녕! 당신에게도 신의 영광이….

(2012)

낡은 벽화 앞에서

봉정사에 취해 몇 번 걸음을 한 터였다. 그러나 개울 건너에 숨어있는 영산암까지는 차마 엄두를 못 내고 돌아서곤 했다. 그곳에서 영화를 촬영한 이후 사람들의 잦은 발길을 돕기 위해 몇 년 전 개울이 메워졌지만 나는 의도적으로 높디높은 계단 오르기를 주저하였다.

오늘도 그 아래를 지나치는데 울력을 하던 스님이 넌지시 권했다. 영산암 뜰에 반쯤 발을 묻고선 반송의 품새와 나무백일홍의 꽃빛이 그만이라고. 스님의 자비를 어찌 마다할 수 있겠는가. 등 떠밀린 듯 계단을 올라섰다.

그런데 이 무슨 횡재란 말인가. 몇 발자국 내딛다 맞닥뜨린 우화루(雨花樓)에 나는 그만 마른 침을 삼켰다. 석가모니가 영

취산에서 법화경을 처음 설법할 때 하늘에서 꽃비가 내렸다고 했던가. 아무래도 좋았다. 전혀 다듬지 않은, 여기저기 불거진 옹이가 그대로인 통나무 문이 동그마니 서 있고 그 속에 풍경이 들어있다. 아래로 휘어진 둥근 문지방이 개심사의 심검당 문설주를 떠올리게 했다. 길면 긴 대로 땅을 짚었고 짧으면 짧은 대로 돌로 고여 자연스럽던 정경이 충청도의 그 절집과 흡사하다.

가운데 석등을 두고 반쯤 보이는 응진전의 햇살 머금은 창살, 왼쪽 자락에 스님의 말대로 나무백일홍이 붉은 우산을 활짝 펼친 듯하다. 한 발짝 뗄 때마다 틀 속의 그림이 바뀐다. 세월 묻은 돌탑이 들앉은 풍경에서 나는 잠시 멈춰 서서 긴 숨을 내쉰다.

함부로 범접하지 못할 상서로운 기운에 냉큼 들어서지 못하고 멈칫거린다. 그렇다고 돌아설 수는 없는 일, 심호흡을 다시 한 번 하고 닳아서 반질거리는 문턱을 넘는다.

돌무더기 속에 발을 묻은 반송이 읍을 하고, 뒤돌아서니 우화루의 뒤태가 고즈넉하다. 어느새 내가 건너온 문 저쪽의 네모틀 속 사바세계에는 나무 한 그루를 배경으로 구름의 바다가 들어와 있다.

미음(ㅁ)자의 작은 마당에 발자국을 찍으며 단청 먹이지 않아 더 고색창연한 절집을 훑어보다 나는 다시 멈춰 섰다. 바깥 벽화 앞이다. 바람에 씻겨, 세월에 삭아 희미하지만 그건 용의 수염에 긴 줄을 매어 끌고 가려고 안간힘을 쓰는 사람의 모습이 분명했기 때문이다.

두 사람의 몸짓이 매우 희극적이다. 손에 줄을 감아진 채 어깨에 둘러매고 용을 쓰는 한 사람과 사력을 다해 뒷걸음치다 제풀에 넘어질 듯 버둥거리고 있는 또 한 사람, 순한 표정의 용과 대비를 이룬 그들의 행동이 우스꽝스럽다.

'하룻강아지 범 무서운 줄 모른다'더니 이를 두고 한 말이렷다. 용틀임을 하고 불을 뿜을 만도 한데 득도한 듯 고요로운 용과 그에 비해 힘에 부치는 것을 얻기 위해 발버둥치는 두 사람의 모습이 내 눈에는 탐욕, 그 자체로 보였다.

중국의 명13릉의 지하궁전에서도 나는 인간의 끝없는 탐욕을 보았다.

긴 계단을 따라 깊숙이 내려간 능의 내부는 말 그대로 궁전이었다. 이 무덤의 주인은 명나라 때의 황제라고 했다. 48년의 재위기간 동안 정사는 돌보지 않고 국력을 피폐하게 만든 황제라는 오명을 가진 그는 22살 때부터 6년에 걸쳐 장차 자신이 들어갈 무덤을 완성하였다. 연인원 6천만 명, 하루 3만 명의 노동력이 동원되고 연간 국가 재정수입 2년 치의 돈을 쏟아

부어 나라를 망하게 만드는 원인이 되었단다.

한백옥으로 조각한 세 개의 보좌가 놓인 방에서 나는 아이러니함을 느꼈다. 왕의 사후 집무실이었다. 살아생전에도 돌보지 못한 정사를 죽은 후에 돌보겠다니 이 어찌 가소롭지 않으랴.

실소를 하며 밖으로 나오자 탐욕의 마침표를 찍듯 거대한 홍색비가 우뚝하였다. 비신에는 '神功聖德碑(신공성덕비)' 외에는 아무것도 새기지 않았다. '무자비(無字碑)'라고도 불리는 이 비에 대해서는 억측이 구구하였다. 혹자는 황제가 자신의 공덕이 글로 표현 못할 만큼 대단하니 문구를 새기지 말라 하였다고도, 또는 신하들이 그의 사후에 비석에 쓸 말을 찾자니 '주정뱅이'와 '호색한' 외에는 표현할 수가 없어서 차마 써넣지 못 했다고도 한다.

어쨌든 살아서도, 죽어서도 과분한 욕심에 사로잡힌 행태를 엿본 듯하던 그 씁쓸한 기억이 낡은 벽화 앞에서 떠오르는 것이다.

집으로 돌아오는 내내 벽화 앞에서 떠오르던 정경들로 마음이 착잡하고 복잡했다. 해서 벽화에 대한 자료를 찾아보았다. 그런데 나는 고소를 금치 못했다. 벽화의 내용은 뜻밖에도 인욕바라밀(실천행)을 수행하는 용, 즉 부처의 과거생이었던 것이다. 용의 능력이 무궁무진함에도 싸우지 않고 참아서 자비심을 낸다는 뜻이다. 육체적으로 남에게 해코지를 당해도 전혀 원망하는 마음을 갖지 않는 것, 즉 인욕바라밀은 참을 수 없음을 참는 것이란다. 그야말로 부처이니 가능한 일이지, 평범한 인간으로서야 어찌 고통을 주는 상대를 코앞에 두고 성내지 않을 수 있는가.

하지만 어느 불자께서 친절하게도 부처가 되는 법을 가르쳐 준다. 본래 없는 것, 어쩌다 맑은 하늘에 구름이 잠깐 끼었다가 바람이 불면 사라지는 이치가 인간의 감정이므로…. 견딜 수 없는 아픔과 맞닥뜨리면 본래 없던 것인데 어떤 이유로 잠시 생겼으니 시간이 지나면 사라진다고 믿으면 마음이 평온해진다는 말씀이다.

그런 깊은 뜻이 있는 줄도 모르고 제멋대로 해석을 하여 생각의 갈래를 키웠던 스스로에게 쓴웃음을 짓다 내심 자위한다. 이런들 어떠하며 저런들 어떠리. 천 마디, 만 마디의 말보다 더한 속내를 품고 있는 벽화 앞에서 느끼는 것은 개개인의 마음가짐일 것이다.

살다가 분수에 넘치는 욕심이 가슴에 꿈틀대거나 명치끝에 터질 듯한 고통이 엄습할 때면 낡은 벽화 앞에서 숨을 죽여보리라. 그리하면 벽화가 무언의 깨달음을 전해줄 것이라 나는 믿어본다.

(2011)

하늘과 바다가 만나는

하늘과 바다를 가르는 것은 청빛 띠안개뿐입니다. 그들은 서로 닮아 한 몸이라고 한다지요. 나는 지금 하늘과 바다가 만나는 소리를 듣고 있습니다.

난바다의 어디쯤에서 밀려오는 저 파도도 달뜬 가슴으로 님의 손길을 느끼는 것일까요. 그러기에 저다지도 잠 못 이루고 몸을 뒤채는 것이겠지요.

운명처럼 다가온 사람, 그러나 이룰 수 없는 사랑입니다. 눈앞에 빤히 보이는 데도 서로 닿지 못하는 숙명, 손을 뻗으면 닿을 것 같지만 도달할 수 없는 곳에 대한 갈망으로 애가 탑니다.

그와 함께할 수 없는 이유들이 너무나 많기 때문이지요. 하지만 포기하고 돌아서려니 더욱더 애끓는 심정입니다. 바라보고 있어도 여전히 그리운데 날더러 어쩌란 말인가요.

사랑에 빠지면 유치해진다고 했나요? 그래요, 세상의 모든 시(詩)가 나를 위한 연가(戀歌) 같고 유행가 가사조차 어찌 알고 내 심정을 노래하는지 애잔하기만 합니다.

이제 그와의 인연을 결정해야 할 때가 되었음을 깨닫습니다. 시간을 끌면 끌수록 점점 빠져나올 수 없는 심연으로 빠져들 것 같아 두렵기도 합니다.

그와 나, 피안의 세계로 들듯 함께 바다를 건넜지요. 해무 자욱한 길이 바로 우리의 앞날 같아 불안했습니다.

누구에게도 방해 받지 않는 우리만의 장소로 드는 초입에서 선홍빛 꽃을 송이째 뚝뚝 떨어뜨리는 동백나무를 만났지요. 쏟아져 내리는 꽃비를 맞으며 한참을 그 아래에 서 있었답니다. 가슴에 피멍이 들도록 후회 없이 그리움 쏟아내고, 절정의 순간에 그 정열 고이 접어 제 몸 던질 줄 아는 그 용기가 가슴이 먹먹하도록 부러웠지요.

그도 하는 사랑을 나는 무에 그리 어렵다고 도리질만 하는지 참 모르겠네요. 왜 매번 마음 내키는 대로 틀을 만들어 놓고 그곳에 스스로를 가두려는 것일까요?

얼마 전 250여 년 세월에 꿋꿋이 서로 의지하며 푸르던 두 그루 동백나무를 본 적이 있습니다. 그 모습이 하도 다정다감

하여 '부부나무'로 불린다지요. 나도 저들처럼 살고 지고 평생을 늙어갈 용기가 왜 없는 것인지요. 오로지 하룻밤 풋사랑으로 이별의식을 꿈꾸고 있다니요.

하지만 그게 운명이라면 지금 이순간이 꿈이라도 좋습니다. 자정을 알리는 종소리에 신데렐라의 주문이 사라져도 그가 깊숙이 찍은 화인만으로 참을 수 있을 것 같습니다.

지구의 어느 한 귀퉁이에서 두 사람이, 아니 그보다 더 많은 연인이 죽도록 사랑에 겨워해도 세상은 아무 일 없다는 듯이 돌고 있습니다. 오로지 왈가왈부하는 것은 손꼽을 정도의 사람들일 뿐, 여전히 태양은 오늘도 예외없이 떠오르는 걸요.

바로 그날 남자와 여자는 함께 해돋이를 하고, 비자나무 숲길을 걷다 연리지를 보았답니다. 두 나무의 가지가 맞닿아 결이 통하는 모습을 망연히 바라보던 그들도 연리지를 꿈꾸지 않았을까요.

2.

그 숲에 그 바람

아마 강이 서서히 깨어나는 것도 보일거야. 그때쯤이면 전혀 움직임이 없던 강물이 찬찬히 부드럽게 일어나 몸을 틀기 시작할 테지. 수초들도 둥지느러미를 세우느라 파르르 떨고, 바람도 그제야 나뭇잎을 건드리며 잦아들던 안개로 다시 솟구칠 거야. 저만치 강심에서 엊저녁에 드리운 그물을 끌어올리는 작은 배 한 척이 은은히 다가오고, 건너편의 풍경도 아슴푸레해지면 산도 섬이 되곤 하겠지.

아리랑

첩첩산중의 골짜기. 떠돌이 소리꾼 유봉을 따라 그의 아들과 딸이 진도 아리랑을 부르며 산을 돌아 내려온다.

창극 「서편제」는 그렇게 열렸다. 백만이 넘는 관객이 들었던 임권택 감독의 영화 이후 20년 만에 보는 무대공연이다. 영화에서도 가장 인상적이었던 바로 그 장면이다. 청산도의 황톳길에서 가락에 몸을 실어 덩실거리던 진도아리랑의 가락이 아련하다.

간다~ 간다~~~~
내 돌아간다

정든 님 따라서 내가 돌아간다
아리아리랑 쓰리쓰리랑
아라리가 났네~~~
아~리랑 응응응 아라리가 났네.

기구한 운명을 타고난 소리꾼의 한 살이가 여전히 목울대를 뜨겁게 한다. 아버지 유봉과 피도 살도 섞이지 않은 아들 동호, 그리고 딸 송화의 소리가 어우러져 푸른 산을 흔들고 가슴 속으로 파고든다.

아버지는 가르치고, 아들은 장단을 맞추고, 딸은 소리를 한다. 배고픔과 소리의 길에 고통을 견디다 못해 아들이 훌쩍 떠나버리자 딸마저 자신의 곁을 떠날까봐, 득음(得音)의 멀고 먼 길에 딸이 지레 소리를 포기할까봐 아버지는 고육책을 짜낸다. 자신의 신체를 자르듯 딸의 두 눈을 버리기로 작심한 것이다. 잠든 딸의 눈에 청강수를 넣는 아비, 그에겐 오직 딸을 명창으로 만들기 위한 한 가지 소망만이 있을 뿐이다. 눈이 멀어야 눈으로 뻗칠 영기가 귀와 목청으로 옮겨가 득음을 할 수 있다는 믿음, 한을 품어야 일생을 소리에 바칠 수 있다는 명창을 향한 아버지의 안타까운 신앙이다.

소리의 최고 경지에 이르기를 바라는 아비의 열망을 아는지 모르는지 눈이 먼 송화의 원망이 하늘을 찌르고 아비를 쑤셔댄다. 피를 토하듯 불러도 득음은커녕 소리조차 제대로 나오지 않는다. 아버지의 죽음을 맞이하고서야 송화는 마침내 겹겹이 쌓인 한(恨)을 토해낸다. 영혼을 칭칭 동여매고 있던 고통을 소리로 승화시킨다. 버리고서야 얻을 수 있는 그것은 원망을 버리고 운명을 받아들이는 달관에 다름 아니다.

누군가 말했다. 절망이 뒤섞인 삶의 바닥을 들여다보지 않은 이들에게는 '한'이 단지 낯선 감정일 뿐이라고. 하지만 한평생 곡절 없는 사람이 어디 있는가. 이런 저런 운명을 살아내노라면 '한'은 필연이다. 그래서 우리의 할머니와 어머니들은 그토록 많은 아리랑을 불렀을 것이다. 너나없이 자신의 곤고한 처지를 아리랑 가락에 읊조리면서 살 수밖에 없었음이다.

무대는 헤어졌던 오라비가 찾아와 마주 앉은 마지막 장면이다. 세월은 어린 소녀의 머리에 서리로 쌓이고 오라비의 얼굴에도 주름살을 굳혔다. 늙은 송화로 분한 안숙선님의 소리에 소름이 돋았다. 가슴 밑바닥에서 끌어올린 그 애절과 비통에 나도 모르게 빠져버렸다. 그것은 주인공이 그토록 갈구했던 득음의 소리임이 분명하였다.

나는 득음의 경지에 이른 또 한 사람을 알고 있다. 그녀는 늘씬한 몸매에 예쁜 얼굴을 가졌다. 무용을 전공했으면 아마 크게 성공했을 것이다. 거기다 그림에도 소질이 있다. 한데 하느님은 더러 실수를 하시는지, 아니면 다른 사람과의 형평을 맞추기 위해 줬던 걸 다시 빼앗기라도 하시는지….

그녀는 사춘기 시절 의식을 잃을 정도로 호되게 열병을 앓았다고 한다. 한데 그 후유증으로 손발의 자유를 잃었다. 뼈가 녹아내려 손이 꼬이고 다리가 비틀려 장애인이 된 것이다. 선천성 장애였다면 체념도 빨랐을 테지만 성인을 바라보던 때에 당한 횡액을 어느 누가 순순히 받아들일 수 있으랴. 강하게 도리질을 쳐대며 살아왔으리라.

그런데 나는 요즘 그녀가 혹 '득음'을 한 게 아닐까 조심스레 짐작해 본다. 건강하던 소녀 시절에 머물러 있던 그녀가 이제 자신의 장애를 받아들이며 당당하게 세상 밖으로 나오는 모습을 본다. 또 그만큼 깊어진 삶의 진솔성에서 득음이 '창'에만 있으랴 싶은 것이다.

세상의 모든 사람들은 각자 '득음'의 경지에 이르기 위해 열심히 살아가는 것이 아닐까. 더러는 좌절하고 포기하기도 하지만 죽음을 맞는 날까지 평생을 살아내는 일이 바로 득음을 향한 과정인 것만 같다. (2013)

내가 나에게 건네는 편지

1. 미리 쓰는 유언장

안녕!

뿌리째 뽑힌 나무가 급류에 휩쓸려 떠내려가고 있구나. 시뻘건 황톳물의 와중에 있는 나무가 속수무책이야. 우리 인생살이 또한 저처럼 상상할 수 없는 급류에 휘말려 어느 날 갑자기 생을 접을지도 모르겠다 싶네. 얼마 전에 동갑내기 지인의 부고를 받았단다. 너무나 뜻밖의 소식에 망연자실했어. 사고였지.

또 며칠 전에는 천년만년 살 것처럼 그악스럽던 사람의 죽음을 접하지 않았겠니. 숨을 놓기 30분 전까지도 '죽지 않을거라'고 떼를 쓰던 모습은 내게 참 많은 생각을 갖게 했지. 평생토록 교통사고 날까봐 여행도 못 해보고, 탈 날까봐 먹을 것도 가려서 먹었거든. 마지막 순간에도 완강히 도리질을 쳤지만 예순 중반을 겨우 넘긴 죽음이었지.

생명 있는 모든 것들에게 숙명처럼 다가오는 죽음의 그림자에서 어느 누구도 자유로울 수 없지 않겠니. 기왕에 피할 수 없는 죽음이라면 초연한 마음가짐으로 사후의 일을 준비해야겠지만 그 또한 쉽지 않은 것이 인간사 같구나.

내게 '유언'이란 말은 참 생소해. 그러나 나라고 죽음의 소용돌이에 들지 않는다는 보장이 없을 것이니 미리 무언가를 정해두는 것도 괜찮다싶어 돌아보니 가소롭기 그지없네.

재산이 없으니 자식들에게 어떻게 나눠가지라고 할 형편도 아니고 또 내가 가진 약간의 수집품들은 오로지 세 살짜리 손자나 탐을 낼 만한 것뿐이니 참 딱한 노릇이야.

오늘 아침이야, 녀석이 숱한 제 장난감들 다 두고 내 힘으로도 여닫기 겨운 미닫이문 틈을 비집고 나가 있었어. 내 방과 연결된 작은 곁방은 들여다보이긴 하지만 대형 유리문이 가로막고 있어 녀석의 손이 타지 않는 유일한 곳이지. 그래서 그곳에 내가 아끼는 소품들을 가두어 놓았어. 나무로 깎은 새라든지 주물 거울, 모형 자전거, 색색의 연필 등등이 서로 이야기를 나누며 작은 공간을 빼곡히 메우고 있는 곳이야.

우연히 작은 틈새를 발견한 녀석이 유리문에 거미처럼 찰싹 달라붙어 그 끝에 놓인 필통에서 연필을 뽑아들려 안간힘을 쓰고 있었지.

그 품새를 발견한 내가 집이 떠나갈 듯 고함소리를 질러도 녀석은 얼굴색 하나 바꾸지 않고 대꾸를 해댔어. 아직 말이 자유롭지 못한 녀석은 요즘 단음절 '어'로 모든 의사전달을 하거든. 오로지 음의 높낮이를 조절하여 나름의 표현법을 터득한 녀석이 "어어 어오 오어 어어…."(이게 필요해요.)라고 했어.

이토록 손자가 욕심내는 것을 보면 분명히 내 물건들이 월등한 색깔과 구조로 어린 눈에 도드라져 보이는 모양인데 제 어미는 도통 관심이 없어. 아무래도 유언을 남길 만한 가치는 없는 듯해.

내 몸도 15년 전 어느 종합병원에 사후기증으로 내놓았으니 이미 내 것이 아니야. 젊은 의학도들의 손을 거쳐 1년쯤 뒤에야 한 줌 뼛가루로 자식들에게 내어줄 수 있다고 해. 그때 나는 가벼이 한 줌 바람이 되었으면 하고 소망할 따름이야. 한 그루 나무의 발치여도 좋고 난바다로 갈 수 있는 강이어도 상관없겠다 싶어. 평생 애면글면 부대껴온 삶이 비로소 더없는 자유를 얻으리라 믿는 게지. 어쩌면 그 자유가 나의 소망이고 전 재산인지도 모르겠어. 다만 사는 날까지 스스로를 다독일 주문을 걸어봐야겠다고 생각하는 중이야.

2. 비켜서면 보이는 것들

난, 가끔 네가 너무 낯설 때가 있어. 기억나니. 지난겨울 입동 무렵이었지, 아마.

파리 한 마리가 거실에서 날고 있었지. 윙윙거리는 소리에 신경을 곤두세우고 너는 파리채를 찾아들더라. 철을 놓쳐버린 파리는 소리만 요란할 뿐 맥이 없어 그냥 두어도 그리 오래 버틸 것 같지 않았어.

'성격도 참…. 어찌 그리 여유가 없는지….'

쯧쯧, 나는 혀를 찼어. 파리 한 마리가 윙윙거린들 어떠니. 느긋하지 못하여 제 스스로 심관을 달달 볶는 너는 아무래도 수양을 더 쌓아야할 수밖에 다른 방도가 없어 보였어.

거 대충대충을 못하는 성격 말이야. 일을 시작하면 끝을 봐야하고 정리정돈 된 물건을 누군가 건드리면 파르르 성질머리를 보이곤 하지. 그리고 벽에 걸린 그림이 조금이라도 비뚤어진 것 같으면 금세 일어나 바로 잡아야만 직성이 풀리는 그 심성. 어디 그뿐인 줄 아니? 책 속에서 본 기억의 한 토막이 긴가민가하면 자다가도 벌떡 일어나 확인을 해야 하니 몸과 마음이 고달플 수밖에 없지. 그러니 잠인들 어디 편히 잘 수 있겠니. 일을 할 때도 혹시 실수할까봐 늘 긴장상태로 살얼음판을 걷듯 하잖아.

내 생각이 전해졌을까. 사실 너 무척 노력을 하더라. 쉽지는 않을 거야. 얼마 전의 네 모습은 참 인간적이긴 했어.

풋잠이 들었다 깨어보니 옆에 남자가 잠들어 있지 않았겠니. 땀에 밴 옷이 남자의 알맞은 근육을 엄청 드러내 주고 있더라. 순간 화들짝 놀라 일어서는 너의 행동은 웃음을 자아내게 했어. 다시 남자를 내려다보아도 당연히 낯선 얼굴이었지. 잠시의 큰 호흡을 들이 쉰 후 넌 배실배실 웃었지. 평소의 너와는 거리가 먼 그 모습이 차라리 진짜 너였으면 해. 찜질방에 가서 헐렁한 옷을 입고 낯모르는 남자 옆에서도 잠을 청할 수 있는 게 정말이지 훨씬 인간적이라니까. 자로 잰 듯 살아내며 초등학교 때의 선생님이 나쁜 짓이라고 한 것은 반세기가 되도록 절대 잊지 않으려고 노심초사하는 모습, 어디 숨 막혀서 살겠니.

이젠 네가 그토록 열망했지만 쉽게 떨치고 일어서지 못했던 미지로의 여행을 위해 과감해지기를 바라. 더러 일상에서 벗어나 낯선 것들이 숨을 죽이고 있는 곳에서 잠을 깨어도 좋겠지. 낯익은 물건들이 옥죄며 억압하는 느낌에서 벗어나는 일은 생각만으로도 통쾌하지 않니.

강가의 한 숙소에서 새벽에 눈을 뜨면 안개가 자욱하고 그 속에 다소곳이 잠들어 있는 풍경이 보일 거야. 굽이치는 산, 그 산에 기대어 둥지를 튼 마을, 강변을 따라 열을 맞춰 서 있는 나무들, 철로를 따라 새벽열차가 때마침 지나간다면 더 멋진 풍광이 될 것 같지 않니.

간밤에 여울을 이루며 흐르던 강물도 고이 잠들어 있는 곳, 막 잠에서 깨어나는 새들의 날갯짓하며, 그 모든 것들이 안개와 어우러져 몽환적 분위기를 만들어주어 마음을 더 사치스럽게 하겠지.

아마 강이 서서히 깨어나는 것도 보일거야. 그때쯤이면 전혀 움직임이 없던 강물이 찬찬히 부드럽게 일어나 몸을 틀기 시작할 테지. 수초들도 등지느러미를 세우느라 파르르 떨고, 바람도 그제야 나뭇잎을 건드리며 잦아들던 안개로 다시 솟구칠 거야. 저만치 강심에서 엊저녁에 드리운 그물을 끌어올리는 작은 배 한 척이 은은히 다가오고, 건너편의 풍경도 아슴푸레해지면 산도 섬이 되곤 하겠지.

어때, 스스로를 가두던 그 견고한 틀을 깨트리고 밖으로 나서지 않을래. 오늘은 하늘이 청청하구나.

(2009)

그 숲에 그 바람

갓밝이 무렵 오서산(烏棲山)에 올랐다. 적요했다. 으스스 무섬증이 일었다. 별모양의 때죽나무 꽃들이 지난밤 바람의 짓궂은 심술을 견디지 못해 비알에 하얗게 쏟아져 있었다. 땅에 떨어졌을망정 꽃잎을 활짝 펼쳐 은하수를 그렸다.

별무리와 눈 맞추는 동안 서서히 먼동이 밝아오자 여기저기서 숲 속의 생명체들이 깨어나는 소리가 들렸다. 휘이잉 휘잉, 어디선가 낮은 소리가 들렸다. 대숲에 이는 바람이었다.

이 세상의 모든 씨앗 있는 나무들은 꽃을 피우고자 햇빛을 흡수하고 수액을 빨아올리지만 대나무는 오직 생명을 다하는 정점에서 꽃을 피운다고 한다. 이곳 젊은 대밭은 이제 막 땅을 비집고 솟아오르는 죽순이 촘촘하여 발길을 조심스럽게 하였다.

누군가의 말처럼 대나무는 속이 텅 비어 있다. 그런들 나면서부터 제 몸에 품고 나온 것이 왜 없으랴. 다만 한꺼번에 모든 것을 밀어낸 뒤 성장을 멈추고 사시장철 푸르다. 그래서 대나무로 만든 단소소리는 그리도 끊어질 듯 애절하게 심금을 울리는 것이리라.

참나무, 소나무, 층층나무 등등 숲속의 수많은 생명체들은 살아서도 죽어서도 제 할 일을 다한다. 그 소리를 알아듣고 얼마나 자연스런 상태로 우리 곁에 가까이 두느냐는 그 대상을 바라보는 이의 심안에 따라 다를 터이지만….

새삼 옛사람의 혜안에 넋을 놓고 감탄을 했던 적이 있다. 한 절집의 기둥이 예사롭지 않았던 것이다. 서까래를 받치는 기둥의 길이가 각기 달랐다. 길면 긴 대로, 옹이 지면 옹이 진 대로, 구부러졌으면 구부러진 대로, 제 생긴 그대로 자리를 잡고 있었다. 인위의 손이 타지 않은 묘한 조화는 볼수록 아름다웠다. 한참을 취해 있었던 것 같다.

무한정 신선의 세계에서만 노닐 수는 없는 일, 요사채의 봉당을 딛고 조붓한 흙길을 걸어 해우소로 향했다. 마침 꽃철인 만큼 해우소 가는 길조차 꽃잎이 분분하였다.

송판 몇 개 덧대어 만든 해우소는 중요한 부분만 겨우 가려줄 뿐 바람이 무시로 지나다녔다. 내려다보이는 바닥이 아득하여 오금이 저려 괴춤도 제대로 못 추스르고 엉거주춤 나서자 '용변을 보시고 난 후 낙엽을 한 줌 뿌려주세요'라는 글귀가 시선을 끌어당겼다. 그야말로 자연 속에 볼일을 보고 자연으로 보내는 일일런가.

그랬다. 그곳에서는 둔한 속인의 귀로도 숲의 소리가, 바람 소리가 잘 들렸다. (2010)

어떤 인연

시조시인 오선생님이 미소를 가득 담아 봉투 하나를 건네주신다. '고라니 병문안'이라고 친필로 쓰신 것이다. 의외이지만 흥감하다. 내 안이 환해지고 주위의 모든 것이 웃는 것만 같다. 웬 고라니? 그것도 병문안인가 하겠지만 사연이 제법 있다.

오래전부터 텃밭 딸린 전원주택을 소원했지만 내 형편에는 가당찮은 꿈에 불과했다. 한데 우연히 홍천의 풍경화펜션을 알고부터는 몇 년 째 주말이면 들락거린다. 넉넉한 주인장 내외의 인심으로 마치 그 밭이 내 것인 양 설친다. 내가 생각해도 가소롭기 짝이 없다. 하지만 나는 S선생님과 함께 풍경화에 푹 빠져 있다. 내외의 살가운 반김도 발길을 당기지만 도라지는 싹이 솟았는지, 참외는 꽃을 피웠는지, 히피오골계는 알을 깠는지 등등이 궁금하여 주중에도 안달이 난다.

견종인 진돌이와 바우는 터줏대감이고 당나귀를 비롯해 고라니, 공작새, 오리, 거위 할 것 없이 여러 동식물이 모여 산다. 생명을 거두는 주인장의 손길이 소문나서인지 날개를 다친 소쩍새까지 잠시 식솔이 된 적도 있다. '가지 많은 나무에 바람 잘 날 없다'더니 옛말 하나 그른 것 없어 풍경화에서는 날마다, 계절마다 희비쌍곡선이 연출된다.

지난겨울이었다, 비바람 불던 날 홀연히 가출했던 고라니가 몇 개월 만에 돌아온 것은. 언제 집을 나간 적이 있느냐는 듯 당당하게 제집을 찾아 들어갔다. 우리는 야생으로 돌아갔을 법한 고라니가 오랜 시간이 흘렀음에도 제 살던 곳으로 돌아온 것이 대견해 환호작약 했다. 성숙한 몸이니 그동안 짝을 만났음은 뻔한 일. 아니나 다를까, 봄 들자 눈에 띄게 배가 불러왔다.

마침내 해산 기미를 보였다. 난산이었다. 어찌어찌하여 한 마리는 겨우 낳았지만 남은 두 마리 때문에 어미는 생과 사를 헤맸다. 결국 사산을 한 어미는 이틀을 죽은 듯이 널브러져 있었다. 그 사이 밝은 세상이 마냥 신기한 새끼는 호기심이 발동했던가 보다. 조막한만 덩치로 철망 사이를 빠져나가 옆 우리를 기웃대다가 당나귀에게 밟혀 뒷다리가 부러진 것이다. 주인장이 임시방편으로 나무토막을 대어 동여매었지만 젖을 먹을 수도, 움직일 수도 없는 지경이었다.

도저히 안 되겠다고 녀석을 데리고 가축병원을 다녀온 S선생님의 눈자위가 붉었다. 수의사가 부러진 부분을 잡아당겨 뼈를 맞추는데 어린 녀석의 비명소리가 얼마나 애절한지 가슴이 섬뜩했다며 또 한 번 눈시울을 붉혔다. 깁스를 한 녀석의 머루알 같은 눈망울을 바라보는 나마저 목이 메었다.

사연을 들은 오선생님이 그래 병원비를 보태준 것이다. 그럼에도 녀석은 결국 숨을 거뒀다. 모든 세상사가 여기서 끝이라면 살맛이 없을 터. 세상의 이치는 참으로 오묘하다. 그래서 우리는 절망 앞에서도 실낱같은 희망을 품는 것이리라.

녀석이 숨을 거두던 날 뜻하지 않게 주인장의 친구가 죽은 놈과 똑같은 새끼 고라니를 안고 나타났다. 어미를 잃었으니 좀 보살피라고. 경황 중에도 쌍둥이 같은 녀석의 출현이 크게 위로가 되었다. 주인장은 어미의 변과 오줌을 이 녀석에게 발라 우리 속으로 들여보냈다. 혹 제 새끼가 아닌 것을 알아챌까봐 마음 졸이며 지켜보았다.

어미는 모성본능을 여지없이 보여주며 지극정성으로 새끼를 거두었다. 맘껏 젖을 먹이고 어찌나 공들여 핥아주는지 새끼는 기름독에서 건진 것처럼 반지르르하였다. 이들은 전생에 질긴 인연이었음이 분명하다. 생과 사를 넘나들며 얻은 제 새끼를 모두 잃었다는 걸 어미가 안다면 미물일망정 얼마나 절망했을 것인가. 그런데 그를 위로라도 하듯 하늘에서 떨어진 듯한 인연에 다소 안도를 한다.

한동안 잊고 있던 미국으로 이민을 간 친구가 생각난다. 나보다 먼저 결혼하여 한동네에 살던 그는 5년여를 배가 남산만 해 있었다. 첫아이를 3일 만에 잃고 부기 빠지지 않은 얼굴로 펑펑 울 때만 해도 젊었으니 다시 시도해보라는 말을 위로랍시고 했다. 곧이어 회임 소식을 들었고 그것 봐라, 이제 잘 될 거라고 함께 믿었다. 하지만 내리 네 번을 그랬다. 차라리 품에 안기지나 말지, 아기들은 하나같이 생후 3일을 넘기지 못하였다. 옆에서 지켜보는 내가 참담하기 이를 데 없었으니 본인의 심정은 말해 무엇하랴.

그가 세 번의 실패를 했을 무렵 나는 첫아이를 낳았다. 오랜 진통으로 기진맥진하여 까무러칠 것만 같은데 아이의 울음소리가 들렸다. 유난히 새까맣고 긴 머리카락을 보는 순간 퍼뜩 불안이 엄습하였다. 저 아이가 잘못되면 어쩌나….

그러나 내 아이는 탈 없이 자랐다. 나는 예전처럼 그를 만나러 갈 수 없었다.

어느 하루 그가 뜻밖에 보퉁이를 들고 찾아왔다. 미국의 시누이가 태어날 조카를 위해 보낸 옷들인데 꺼림칙하지 않다면 내 딸에게 입히면 어떠냐고 했다. 나는 흔쾌히 그러겠노라 했다. 돌아가는 그의 뒤태가 홀몸이 아니었다.

다음 해 봄, 늦은 밤에 그의 남편에게서 전화가 왔다. 두 방망이질을 치는 가슴을 안고 허둥지둥 달려갔다. 그가 죽은 아이를 안고 있었다. 눈빛이 형형했다.

"저 사람들이 내 아이를 뺏으려고 해."

나는 할 말을 잃었다.

우여곡절 끝에 이민을 떠나던 날, 그의 품에는 다른 사람이 낳은 아이가 안겨 있었다. 미물이든 사람이든 인연을 소중히 하면 하늘도 고마워하실 것이다. (2010)

말, 말, 말

우포늪 대대제방 둑길에 갈대와 물억새가 바람에 흔들리며 소리를 내고 있다. 마른 대궁으로 남은 강아지풀도 풍향에 따라 몸을 떨며 억새를 닮은 몸짓으로 버석거리고 새들도 질세라 와왁와왁 억새를 흉내낸다.

수천 마리는 됨 직한 흰머리오리, 큰기러기떼가 섞인 양 떠 있다. 군데군데 몇 마리씩 보초를 세워두고는 모두 머리를 돌려 등에 구부러뜨리고 곤하게 낮잠에 빠져 있다. 잠꼬대마냥 '끼리릭 끼익' 옹알이를 하면서.

먹이를 찾아 나갔던 고니들이 돌아오고 있다. 그 큰 몸집으로 단잠에 빠진 다른 팀을 깨우지 않으려는 듯 한 방울의 물도 튀지 않게 사뿐히 내려앉는다.

그들의 배턴을 이어받은 양 또 한 무리가 날기를 시도한다. 나래를 펼치는 뒤태가 화려하다. 배를 쭈욱 밀어 도움닫기를 하고 까만 발로 물을 채면서 큰소리로 일행들에게 독려한다. '가자, 날자.'

수초들 사이에서 먹이를 찾던 새들이 종류별로 날아오른다. 그들에게도 말이 있어 백조면 백조, 기러기면 기러기가 자기네 팀의 소리를 단번에 알아듣고 한 마리 낙오도 없이 더불어 날기를 시작한다. 일제히 무리를 지어 나는 새들 중 더러 다른 류가 섞일 법도 하건만 전혀 그렇지 않다. 그야말로 유유상종이다. 그들만의 언어가 있음이다.

세가락도요는 키리리 키리리 크윅, 노란 띠를 두른 검은 부리의 큰기러기는 낮고 탁한 소리를 낸다. '구, 구, 구 콰우, 콰우 갸우- 갸우' 어찌 들으면 '과안, 과안.' 하는 듯하다. 넓적부리도요는 어린 날 듣던 기차 소리를 낸다, '철거덕 척척'. 큰고니는 와우- 우 왝 왜액 와악, 우아한 평소의 분위기와는 딴판으로 투박한 소리다.

북극해를 중심으로 무리를 이뤄 이동하는 흰돌고래의 소리표현은 다양하다. '퍽' 하는 아주 큰 폭발음은 먹이사냥에 쓴다. 그 폭발음에 부레가 터진 먹잇감이 허우적거리면 느긋하게 잡아먹는다나. 재재거리는 새소리, 휘파람소리는 무리의 이동방

향과 속도를 의논하며 커다란 트럼펫소리는 탄생을 알리고, 코 고는 소리는 먹잇감이 많다는, '끽끽 삐릭삑' 하는 날카로운 소리는 위험을 알리는 것이란다.

식물도 적이 침입했다는 신호로 피톤치드를 내뿜어 옆에 선 나무들에게 전달을 한다는 건 이미 다 아는 사실이다. 그들의 말을 곤충들도 알아듣는다니 인간만이 유일하게 언어를 구사한다고 굳이 뻐길 일은 아닌 것 같다.

사람들이야말로 많은 단어를 사용하지만 서로 의사소통이 안 되는 경우가 얼마나 허다한가. 어제만 해도 그렇다. 누구라도 알 만한 두 사람이 설전을 벌였다. 하고많은 단어로도 자신의 뜻을 전달하기에 꼭 맞는 단어를 찾아내지 못한 결과인 것 같다. 개인도 말을 많이 하다보면 필시 실수를 하게 되고 그래서 후회를 하는데 지도급 인사들의 말싸움은 보기에 민망했다.

세상은 온통 말, 말, 말이 판을 쳐서 정신을 차릴 수 없을 정도로 시끄럽다. 누군가가 말했다. 10퍼센트 정도 말을 하고 90퍼센트는 귀를 열어두라고. 남의 말에 귀를 기울이면 다툴 일도 줄지 않으랴.

몇 해 전 상영된 영화「위대한 침묵」이 떠오른다. 영화는 첫 장면부터 심상찮았다. 설명 없이 커다랗게 클로즈업되는 귀가 의미있게 다가왔다. 하고 싶은 말을 참고 듣기만 하라는 뜻인가? 이어 눈보라 속에서 서서히 수도원의 정경이 드러났다. 긴 회랑이 보이고 침묵, 또 침묵. 문틈 사이로 기도를 하는 수도사, 기도실로 드는 수도사들이 보였다. 물론 모두가 침묵이다. 그야말로 이곳에는 침묵만 있었다.

대사가 거의 없는 168분 동안 말로 표현하는 것보다 더 많은 느낌을 받았다. 그저 조용히 침묵을 응시하는 영화가 탄생할 것이라고는 누구도 예측 못했던 일이었다. 하지만 감독은 처음부터 철저하게 '침묵'을 보여주며 모두를 숨죽이게 만드는 강렬한 메시지를 전달했던 것이다.

그러고 보니 첫돌 지난 손자녀석이 말의 효율적인 사용에 나보다 훨씬 낫다는 생각이다. 녀석은 요즘 단음절로 모든 의사 전달을 다한다. 오로지 음의 높낮이를 조절하여 나름의 표현법을 터득한 듯하다.

며칠 전이었다. 그렇잖아도 바쁜 출근시간에 저지레를 했다. 화장실에 누가 들어있자 용무가 급해진 강아지가 거실에다 볼일을 본 모양이다. 개똥을 만지면 혼난다는 것을 번연히 알고도 장난을 치고서는 변명하는 표정이 역력하다. "어어어 오오(만져보고 싶어서)."

뿐인가 쓰레기통을 홀랑 뒤집어 놓고 뒷전으로 한 발짝 물러서서는 또 "어어, 어어 오(뭔지 궁금해서…)"였다.

나를 돌아본다. 안 해도 될 말을 참지 못하고 뱉어 누구에게 상처는 주지 않았는지, 기왕에 하는 말 낭비하지 않게 꼭 필요한 단어만 고르는 노력을 했는지. 수도사들은 그렇다 치고 새들도 손자도 하는 일, 말을 줄일 일이다.

독자들이여! 혹 어디쯤에서 마주쳤을 때 내가 소이부답(笑而不答) 식으로 그냥 웃기만 하거든 묵언 연습에 든 줄 알고 오해마시기를….

(2011)

가시연꽃

그곳은 죽음의 바다였다. 비닐을 최소의 부피로 쪼그라뜨리면 저런 모양일까? 어찌 보면 고무빨판 같은 것을 손아귀에 쥐었다 던져 놓은 것 같기도 하다.

아니다. 쪼글쪼글한 질감으로 된 하트문양의 큰 이파리가 마치 사막 같다. 모래땅에 거센 바람이 핥고 간 자국인 듯 표면은 주름투성이다. 그 쪼그라진 모양새로 햇빛을 끌어 모으는 모습에는 진한 아픔이 배어있다.

애써 솟구친 지 얼마 안 된 새잎일수록 더 쪼그라졌고 커다란 잎은 다림질 중인 듯 주름살이 펴지고 있다. 아마도 따가운 햇볕에 담금질을 하면 매끄러운 살결이 되는 모양이다.

뿌연 안개 속에 아련히 피어난 연꽃으로 관곡지 넓은 벌판은 온통 신비롭고 그윽했다. 연꽃은 진흙탕 속에서 이토록 청초한 꽃을 피우기에 불가에서는 깨달음을 얻은 부처로 또는 극락정토를 뜻한다지만 그렇지 않더라도 충분히 귀티 나고 품위가 있다.

흔히 볼 수 있는 분홍빛뿐만 아니라 새하얀 백련, 겨자색의 물양귀비, 개연을 닮은 작은 꽃을 잎 사이에 감추고 있는 살리아 디얼바타, 새색시처럼 노랑 저고리의 어리연, 우리 동네에서는 함박꽃이라 불렸던 작약과 흡사한 노란 수술을 그득 담은 모모 등이 온 들판을 메우고 있었다.

바로 이렇게 환상적인 곳의 한 귀퉁이에 이들과는 영 딴판인 세상이 있었던 것이다. 죽음의 강처럼 정지되어 보이는 가시연밭이었다.

내 기분은 아랑곳없이 살아있음을 알리는 몸짓인가. 이파리 가운데 부분이 볼록 솟았다. 아! 이 무슨 얄궂은 장난인가. 한 송이의 꽃을 품기 위해서는 제 살을 찢어야만 하는 숙명이다. 잎을 뚫고 살을 찢어내는 아픔 속에서 피운 저 보랏빛 꽃. 무릇 생명의 탄생이 어찌 호락호락할까마는 더러는 고운 자태대로 아련히 피어나기도 하지 않는가. 그런데 그는 어이하여 견고한 방패를 뚫지 못해 노심초사하다 제 살을 찢으며 꽃대를 내미는가 말이다.

지머구라고도 불리는 가시연은 씨앗일 때는 눈에 띄지 않을 정도로 작다. 그렇게 작은 씨앗이 최고 2미터 크기의 잎을 만든다니 그 또한 대단한 생장과정이다. '시작은 미미하였으나 끝은 창대하리라'는 구절의 겨자씨에 비견할 만하다. 누가 감히 작은 씨앗이 그토록 큰 꿈을 품었으리라 짐작이나 할 수 있을는지.

그는 뿌리를 바닥에 박고 줄기를 길게 뻗어 하트문양의 이파리를 활짝 펼친다. 그 넓적한 잎으로 호수 수면을 온통 덮어버린다. 바람에 날리는 홀씨 한 톨이라도 용납할 수 없다는 듯 연못에 우산을 씌운다.

이와 닮은 모양새를 비행기에서 내려다 본 적이 있다. 한여름이었는데 얼음덩이 바다가 이 가시연의 잎사귀와 흡사하였다. 초록과 하얀 표면이 다를 뿐. 수없이 많은 얼음조각들이 생명을 도저히 품을 수 없어 보였다. 그러나 그런 악조건 속에서도 주어진 운명에 순응하며 살아가는 생명체가 있음을 알기에 나는 숙연한 기분이었다.

그토록 척박한 곳에서 번식을 위해 눈물겨운 고행을 하는 펭귄의 일생이 떠올랐던 것이다. 펭귄의 자식 사랑도 가시연의 제 살을 찢는 아픔에 비길 만하다. 암컷은 영하 40도의 혹한 속에 알을 낳고 먹이를 구하러 망망의 바다로 떠난다. 끝없이 펼쳐진 얼음세계를 한 달여 가야만 만날 수 있는 바다. 암컷이 그 얼음길을 갔다가 되돌아올 동안 알을 발등에 받아든 수컷은 부화에 정성을 쏟는다. 당연히 먹지도 못할 뿐 아니라 폭풍도 눈보라도 몸으로 받는다. 그 자세 그대로 단 몇 초도 알을 발등에서 내려놓을 수 없는 것이다. 얼음에 18초만 내려놓아도 새끼는 영영 깨어날 수 없다니 이 얼마나 혹독한 시련인가.

더욱이 태양이 뜨지 않는 칠흑 같은 어둠 속에서 굶주린 바다표범과 갈매기의 끊임없는 공격도 이겨내야 한다. 처절한 생존경쟁을 거치며 알이 부화되기까지는 두 달여, 수컷은 몸무게가 반으로 줄어도 자신에게 부여된 종족본능에 충실할 뿐이니 그도 제 살을 찢어 꽃을 피우는 오롯한 노릇이 아니랴.

허공에 가시연의 씨앗만한 소망 한 자락을 띄운다.

'역경 속에서도 도저한 희망의 등불을 켜는 생명들에게 신의 가호가 있을진저.' (2011)

보디가드 돌아오다

드디어 그가 돌아왔다. 영영 다시는 못 볼 줄 알았던 그가 꿈결같이 나타난 것이다. 20여 년 만이다. 그러나 그는 다시 떠났다. 짧은 만남을 끝으로 다시 긴 이별을 고하는 보디가드, 쉬이 돌아서지 못하고 손을 흔드는 그를 나는 이제 웃음으로 보낸다. 나보다 더 그를 필요로 하는 이에게 든든한 멘토로 살고 있음을 확인했으므로….

어렸을 적 외가에서 자라던 내게 할아버지는 거대한 나무였다. 할아버지의 그늘에서는 웬만한 일도 끄떡없었다. 그런데 왠지 모르게 한편으로는 허전하고 쓸쓸했다. 할아버지에게 할 수 없는 비밀 이야기를 속삭일 수 있는 누군가가 나는 필요했다.

봄날의 나들이에서였다. 짓궂은 남학생들이 장난삼아 내 모자를 벗겨 달아났다. 바로 그때 나보다 월등히 큰 덩치의 그가 양 허리에 손을 척 얹고 나섰다.

"야! 너 이리와 봐!"

기세에 눌린 남학생들이 모자를 던지고 달아나자 그가 나를 향해 콧등에 주름살을 만들며 찡긋 웃었다.

그날 이후 그는 나의 보디가드가 되었다. 자신이 처할 곤경쯤 안중에도 없이 몸을 떨치고 일어서는 그가 곁에 있으면 벗바리가 좋은 것처럼 든든했다.

세월과 더불어 우리는 각자의 길을 갔다. 몸은 멀어졌지만 단지 같은 하늘 아래에 살고 있음으로 위안을 삼았다. 그런 그가 뜻밖에 먼 나라로 떠났을 때는 흡사 다시는 못 볼 것 같아 참담하였다.

사는 동안 내 삶이라도 내 뜻대로 되는 게 하나도 없었다. 더구나 두 아이를 거느린 가장으로서 중요한 결단을 해야 할 때는 몹시 곤혹스러웠다.

20년 전 그때도 그랬다. 나는 매우 어려운 처지에 놓여 있었다. 매일 밤 가위에 눌려 진땀을 흘리며 15층 아파트에서 뛰어내리고 싶은 충동에 사로잡히곤 했다. 그즈음 J가 옆에 있었다. 별 후유증 없이 그 상황에서 벗어나게 해준 것이 그였다. 그에게 답답한 심경을 토로하면 언제나 돌아오는 반응이 명쾌해서 좋았다.

그 흔한 사랑 한 번 제대로 못해본 내게 운명처럼 기회가 왔을 때, 나는 많이 망설였다. 사랑하는 일조차 서투른 나에게 사랑을 받아들일 준비는 더더욱 되어 있지 않았던 것이다. 하지만 그는 적극적으로 내 입장이 되어 힘을 실어 주었다. 혹시 마지막일지도 모를 기회를 놓칠까봐 나보다 더 애를 태우며 내 결심에 일조를 하였다.

한데 요즘 그에게 참 많이 미안하다. 힘든 시간을 보내는 그를 속수무책으로 방관했음이다. 어쩌면 내 앞가림에 급급해 돌아볼 겨를이 없었는지도 모르겠다. J가 힘든 시간과 맞닥뜨렸을 때 내게도 인생의 큰 획이라 할 수 있는 사건이 생겼기 때문이다. 그 무렵 나는 오랫동안 목을 매던 직장을 계획 없이 그만두게 되었다.

육신의 두어 군데에 반갑잖은 손님이 틈틈이 세력을 넓히는 중이었다. 한 군데의 것은 워낙 초기라 조직검사에서 제거되었다곤 하나 갑상선에 붙은 혹은 쉽게 물러나지 않을 태세였다. 그에 더해 주변에서 생기는 스트레스는 몸무게를 35킬로그램까지 밀어붙이며 정신조차 피폐하게 만들어 미칠 것만 같았다. 더 이상 몸을 혹사하면 그 후유증은 자칫 돌이킬 수 없는 상황을 불러올 것 같기도 했다. 일단 몸부터 추스르기로 마음먹고 사표를 던졌다.

한시도 한유롭지 못하고 종종걸음으로 살아온 날들이었다. 한동안 병원 가는 일 빼고는 두문불출, 손자와 놀았다. 아주 오랜만에 맛보는 느긋함이었다.

한데 세상은 넓고도 좁았다. 하루는 손자를 업고 길 건너 대중탕에 가다 안면 있던 소설가와 딱 마주쳤던 것이다. 나보다 그분이 더 놀라는 기색이었다. 부스스 화장기 없는 얼굴, 후줄근한 옷차림에 슬리퍼라니. 거기다 업은 아이는 어떻고.

놀라움을 감추지 못하던 그분의 표정이 자꾸 떠오르면서 대책 없이 안주하는 것이 아닌가 하는 자각이 들기 시작했다. 하지만 자신의 일만으로도 버거운 J에게 응석 같은 속내를 드러내기도 무엇하여 한동안 홀로 속앓이를 했다.

그때 O선생님이 떠올랐다. O선생님은 그런 내 심경을 눈치챈 양 쉬는 것도 너무 오래면 긴장이 풀려 건강에 좋지 않으니 작은 사무실을 구해 보는 게 어떻겠느냐고 하셨다. 일 없으면 집필실 삼아 글을 쓰고, 기회가 닿으면 일을 해야 할게 아니냐는 말씀이었다. 망설이는 나를 채근하며 앞장서는 모습이 오라버니나 진배없었다. 덕분에 나는 천군만마를 얻은 것처럼 용기를 낼 수 있었다.

일단 사무실을 얻자 생각지도 않은 일이 생겼다. 내 경제사정을 빤히 아는 분들이 십시일반으로 사무기기를 마련해 주었던 것이다. 그에 덧붙여 '높이 우뚝 솟은 모양'을 뜻하는 순우리말로 된 '소소리'라는 명칭까지 달아주었으니….

오디세우스는 트로이 전쟁에 나가면서 아들 텔레마코스를 친구인 '멘토(mentor)'에게 맡긴다. 멘토는 10년 넘게 텔레마코스의 선생이자 친구, 부모의 역할을 하였다. 전쟁에서 돌아온 오디세우스는 아들을 훌륭히 이끌어준 친구의 이름 '멘토'를 후세 사람들에게 조언자의 모범답안으로 영원히 칭하게 하였다.

생각해 보니 나의 멘토는 딱히 어느 한 사람이 아니었다. 혼자 감당하기 힘든 일에 부딪히면 흑기사처럼 누군가가 항상 그 자리에 있어 주었다. 손 내밀면 닿을 수 있는 만큼의 거리에서 한결같이 그 상황에서 벗어날 수 있도록 용기를 준 나의 멘토들. 그러나 나는 정작 끊임없이 멘티로서 도움을 받기만 하고 멘토로서의 역할에는 무능했다.

이제라도 나의 조언자들을 거울삼아 스스로를 담금질을 해야겠다. 그것이 돌아온 보디가드가 내게 준 숙제 아닐까.

*벗바리가 좋다: 뒷배를 봐 주는 사람이 많다. (2011)

세상의 톱니바퀴

금순이

저는 짙은 갈색 털옷을 입은 당나귀입니다.

입은 삐뚤어져도 말은 바로 하래잖아요. 제가 살고 있는 이곳 풍경화에 가끔 들르는 S선생님, 시침 떼셔도 알고 있어요. 지난번에 은근히 저를 흉보셨지요? 백운호수 둘레에서 마차를 끌며 주변 사람들에게 인기가 있다는 저의 동료 이야기 다 들었어요. 그 말 속에는 제가 먹이만 축내고 할 줄 아는 게 전혀 없다는 뜻이 함축되어 있던데 그게 어디 제 잘못인가요 뭐. 바쁘다는 핑계로 저를 훈련시키지 않은 주인장 탓이지요.

농약은커녕 비료도 안 쓴 농작물 자랑할 때는 언제고요. 그거야말로 제가 부지런히 먹고 삭혀 거름을 만들어 준 덕택 아닌가요. 또 있지요. 제 우리 안에 먹고 싶어도 참고 애지중지 키운 참외를 따서 드실 때만 해도 입에 침이 마르게 칭찬을 하셨잖아요.

영화 「슈렉」에 나오는 동키 정도는 아니지만 이 근동에서 저만큼 유명한 이름도 쉽지 않구먼요. '금순이' 모르면 이곳 사람 아니지요. 범생이들만의 세상이 어디 있겠어요. 월등한 몇몇을 포함하여 나머지 많고 많은 평범한 이들이 함께 어울려 돌고 도는 세상의 이치를 잠시 잊으셨던 거지요. 제 말 맞지요?

생김새로 말하면 저도 큰소리칠 수 있어요. 주인장과 처음 대면했을 때가 떠오르네요. 특출한 제 인물이 한몫했지요. 주인장의 손가락이 절 딱 가리키는 순간 알아챘습니다. 제가 주인장 눈에 찬 것을요. 그리곤 드넓은 세상으로 나가 자유를 맘껏 누리는 꿈을 꾸었지요. 이토록 좁은 산촌에 갇혀 살 줄은 정말로 상상하지 못했답니다. 아무려면 어때요. 넓은 세상으로의 꿈은 이루지 못했지만 따뜻한 마음씨를 가진 식구를 만난 것도, 이곳을 찾는 모든 분들에게 사랑을 받는 것도 행운이라면 행운이지요.

그러고 보면 제가 좀 심하긴 했어요. 울타리만 벗어나면 천방지축으로 날뛰었으니 말이에요. 마차는 물론 등에 아이 하나 앉히려 들지 않은 일도 어쩔 수 없잖아요. 어렵사리 올라앉은 주인장을 패대기치기가 한두 번이 아니었으니까요. 제 본분이 뭔지 모르고 그토록 까불어댔으니 구박을 받아도 할 말은 없습니다.

하지만 저도 속내가 있었답니다. 봄이면 끓는 춘정을 달랠 길 없어 히스테리 좀 부렸구먼요. 그러니 이 노처녀 시집 좀 보내주시면 안되나요. 작은 썰매조차 끌지 못한다고 흉만 보지 마시고 올해는 이 말괄량이를 길들여 줄 신랑감을 구해주셔요. 네?

달구

저어기 금순이님, 님은 그래도 희망이라도 있지만 나는 말할 수 없이 슬픈 심정이에요.

내 이름은 달구에요. 꽃닭의 작은 몸피에 어울리지 않게 달구가 뭐예요. 기왕에 짓는 이름 좀 예쁘게 지어주면 어디 덧나나요. 듣자하니 주인 내외가 글쟁이라면서요. 하기야 이름이야 무슨 상관이 있나요. 세상에는 그보다 더 중요한 게 얼마나 많고 많은데요.

불과 얼마 전의 일이 꿈결처럼 아득하네요. 글쎄 말이에요. 어느 남정네에게 끌려 이곳으로 올 때만 해도 분명 난 지아비와 함께였어요. 지아비요? 그는 동살 무렵이면 하루도 빠짐없이 멋진 목청으로 나를 위해 세레나데를 불러주었지요. 얼마나 행복했게요. 세상 부러울 게 없었지요. 붉은 벼슬에 긴 꼬리, 탁 버틴 두 다리로 그가 위풍당당하게 걸을 때면 오금이 저릴 정도였어요. 혼자 보기 아까웠지요.

여기서도 멀지 않은 두물머리 지난 그 어디쯤이 내 고향이어요. 그곳에서의 우리는 날만 새면 숲속을 드나들며 사랑을 속삭이고 먹이를 찾느라 분주했답니다. 간혹 아랫동네의 멍멍이가 우리를 넘보긴 했지만 그가 얼마나 날쌔게 수비를 하는지 난 온전했지요. 매번 우리를 쫓던 멍멍이는 그야말로 '닭 쫓던 개'가 되었지요. 나는 그만 옆에 있으면 두렵지 않았답니다.

그런 어느 날 우리는 자존심에 치명타를 입을 만큼의 작은 새장에 갇혀 서울로 왔지요. 누구의 눈에도 확 띄는 잘생긴 그가 문제였어요. 아! 그날부터 우린 오매불망 고향을 그리워하는 몸이 되었답니다. 생각해 보세요. 부리로 땅만 콕콕 파면 건강식이 수두룩하던 곳을 두고 5층 콘크리트 건물 옥상에서의 생활이 얼마나 숨 막히겠어요. 날마다 새 주인이 주는 사료로 배는 부를망정 내리쬐는 햇빛마저 고향의 것과 다르던 걸요. 바람은 말할 것도 없구요. 그가 곁을 지켜주어 그나마 다행이었답니다. 적어도 그 사건이 일어나기 전까지는요.

그렇지요. 그건 분명 사건이었어요. 늘 고향의 높다란 나뭇

가지 홰를 그리워하던 그가 그날따라 하늘을 찌를 듯 솟구친 사다리를 발견한 게 탈이었어요. 사다리 꼭대기가 큰 키 나무의 우듬지인 양 도도하게 한 발로 올라선 그를 발견한 주인이 내심 불안했던가 봐요. 냉큼 내려오라고 소리를 지르더군요. 그 순간 난 내 눈을 의심했답니다. 그가 행글라이더처럼 활공을 하는 거예요. 그리곤 요란한 날갯짓 몇 번에 영영 어디론가 사라져버린 겁니다. 보고도 믿을 수 없는 정경이었지요. 주인이 온 동네를 뒤져도 그의 행방은 묘연했어요.

나는 그가 용케 쌈지공원에라도 찾아들기를 기원할 수밖에 없었답니다. 누군가에게 붙잡혀 삼계탕이 되는 것은 상상만으로도 끔찍하니까요.

보세요. 금순이님, 지아비를 허망하게 잃고도 푼수 없이 꼬박 꼬박 알을 낳고 있는 내 신세가 참 한심하지 않나요. 알을 낳으면 뭐하나요. 그가 없는 세상에. 새봄이 오면 2세를 보리라던 꿈도 산산조각이 난 걸요.

그러나 어쩌겠어요. 이것도 내게 주어진 운명이라면 순응할 수밖에요. 사람 사는 모습을 눈여겨보니 그들도 우리네 한살이나 진배없더군요. 겉으로는 멀쩡해도 들여다보면 크고 작은 사연들이 섞여서 돌아가더라고요. 무정란일망정 내가 낳은 알이 주인의 밥상에 오르고 그 알을 먹은 주인이 또 다른 사랑을 만들어낸다면….

세상이란 거대한 톱니바퀴가 어느 한 종(種)만으로는 돌지 않음을 나는 이제야 알아챘답니다. 인간들이 폄하하여 칭하는 미물인 우리도 함께 맞물려야 톱니바퀴가 돌아가는 이치 말이에요. 그만큼 우리네의 삶도 중요한 것이지요. 그러니 금순이님! 우리 힘냅시다. 목숨이 끝나는 그날까지. (2012)

한 그루 나무를 심는 일

지난해 11월의 마지막 날 갓밝이에 나는 메타세쿼이아를 만나러갔다. 담양에 메타세쿼이아가 군락을 이뤄 어깨동무를 하며 운치를 자랑하고 있다는 소문을 들었기 때문이다.

솜털 같은 안개를 밀어내며 서서히 모습을 드러내는 메타세쿼이아 숲은 정말 소문대로 장관이었다. 곧게 뻗은 수세(樹勢)가 하늘을 찌를 듯하였다. 그 기세에 눌려 잠시 호흡을 가다듬다 까치걸음으로 다가들자 꼭두새벽부터 이 무슨 침입자인가 하고 나무도 놀란 모양이었다. 놀란 그 몸짓이 코끝에 순한 향기로 다가왔다. 서늘하고 촉촉한 냄새에 몽롱해져 나는 아름이 넘는 그의 몸통을 두 팔 벌려 끌어안았다. 이슬 머금은 표피의 촉감이 부드러웠다.

첫새벽의 몽환적인 분위기에 취해 함께 간 일행들은 길게 소실점을 이룬 길의 끝에서 끝까지 손을 잡고 걸으며 시간의 흐름도 잊고 있었다. 어느 사이 동살이 잡히기 시작하자 숲은 좀 전과는 전혀 다른 찬연한 풍광을 만들어냈다. 빗질을 하듯 햇살이 사선으로 파고들어 황금빛 세상을 만들자 모두의 입에서 탄성이 새어나왔다.

축제의 순간이 끝나고 찬찬히 보니 은은한 간색(間色)으로 물든 메타세쿼이아 이파리의 색깔이 참으로 음전했다. 다른 종류의 나무들이 가을을 맞아 삼원색의 물감을 쏟뜨릴 때 메타세쿼이아는 절대 요란스럽지 않았다. 그랬다. 많고 많은 사람들의 생김새가 똑같지 않듯 자연의 나무들 또한 제 나름의 특성과 색상으로 한 살이를 누리고 있었다.

봄이면 연례행사로 줄을 지어 산으로 나무를 심으러 다녔던 게 반세기 전의 일이다. 지금은 전국 어디를 가도 각양각색의 옷을 입은 산들이 울울창창하다.

늘푸른나무, 겨울 맞아 잎을 떨어트리는 나무, 큰키나무, 작은키나무, 홑잎나무, 겹잎나무, 바늘잎과 비늘잎 나무 등등. 산을 빼곡히 채운 나무들을 바라볼 때면 먹고 살기에 급급했던 그 시절 벌거숭이산에 옷을 입히고자 노력했던 지도자의 업적에 찬사를 보내지 않을 수 없다.

이제 많은 이들의 관심과 참여로 강산이 푸르고 '치유의 숲'으로 알려진 지도 오래되었다.

한 그루 나무를 심는 일은 미래를 가꾸는 일이다. 일년초처럼 금방 꽃을 피우며 표시를 내지 않아도 조바심을 칠 필요가 없다. 먼 훗날 어느 누군가에게 그늘을 드리울 것임이 확실하니까.

나도 한 그루의 느티나무를, 그것도 내 땅이 아닌 남의 땅에 심은 적이 있다. 운이 좋으면 그 나무가 드리운 그늘에 내가 쉴 수도 있겠지만 아무래도 상관없다는 심정이었다. 나는 이미 다른 사람이 심은 동막골의 느티나무 신세를 진 일이 있기 때문이다.

백년쯤 전에 누군가의 손에 심겼을 느티가 어느 집 대문께에서 뜰을 반쯤 가리고 있었다. 하도 풍취가 좋아 관심을 보이는 내 품새가 마침 한가롭던 그 댁 할머니를 즐겁게 한 것 같았다. 그늘 신세를 진 만큼 할머니의 한탄 섞인 이야기를 몇 시간 꼼짝없이 들어야 했지만 충분히 그만한 가치가 있었다. 우람한 나무의 우듬지엔 할머니의 가족사가 고스란히 담겨 있고 바람에 몸을 맡겨 장삼 춤사위를 펼치는 가지는 할머니의 넋두리와 합쳐져 회심곡을 부르는 듯하였다.

그날 이후 할머니의 할머니 때부터 살았다는 그곳을 지날 때면 일삼아 기웃거리곤 했다. 그리곤 눈치챘다. 느티가 할머니의 수호신임을….

매번 기다렸다는 듯 반겨주던 할머니가 언젠가부터 기척이 없다. 먼 길 떠나신 게 분명한 할머니를 통해 우리 인간의 유한한 시간이 가늠되어 가슴이 먹먹하다. 한편으로는 주인의 부재에도 아랑곳없이 여전히 깊은 그늘을 드리운 나무 아래에 서면 나조차도 생사에 달관한 듯 마음이 초연해진다.

한 그루 나무에 담긴 상징성은 무한하다 할 것이다. 나는 그 무한을 소망하며 어디쯤에다 또 한 그루의 나무를 심고 싶다.

(2010)

눈 물

언젠가부터 눈물이 흔해졌다. 영화를 보다가도 누군가와 이야기를 하다가도 눈시울이 뜨거워지기 일쑤다. 어제는 그녀를 붙들고 울고 말았다. 아픈 그녀에게 부담이 될까 봐 참으려고 했지만 별수 없었다.

나는 아버지의 첫사랑이었다. 38선 너머에 부모님을 두고 자유 대한민국에서 홀로였던 아버지에게는 아들인 동생들보다 맏이인 내가 항상 먼저였다. 새어머니의 등장 이후 그렇게 다정하던 아버지가 변하셨다. 새어머니의 닦달이 어느 수위에 올라가면 아버지가 매를 들었다. 한동안 그런 아버지가 낯설고 당황스러웠다. 하지만 오래지 않아 천하에 하나뿐인 딸을 매질할 수밖에 없는 아버지의 속울음을 느낄 수 있었다. 어쩔 수 없이 어깃장을 놓던 아버지를 슬프게 할 수 없었다. 아니, 분명 잘못한 일이 아닌데 눈물을 보이면 그것을 인정하는 것 같아 이를 악물고 참았다. 절대 울지 않았다. 새어머니는 그런 나를 '독하다' 하였다.

그런데 그것은 서막에 불과했다. 살다보니 울 일이 너무 많았다. 분해서, 억울해서, 인생이 내 맘대로 호락호락하지 않아서 등등…. 정말로 어린 시절 그깟 일들은 울 일도 아니었다.

그와의 늦은 인연 이후 천주교에 입문하게 되었다. 6개월여의 교육과정을 그저 덤덤히 마쳤다. 그냥 교리를 듣고 기도문을 외우고 미사를 드리러 성당에 들락거렸다. 세례를 받는 날이었다. 제대 아래 신부님 앞에 서는 순간 쏟아지는 눈물을 도저히 주체할 수가 없었다. 당황스러웠다. 민망하고 창피했다. 자리에 돌아와서도 손수건 한 장을 다 적시고야 겨우 그칠 수 있었다.

첫고백성사를 준비할 때만해도 아뢸 게 하나도 없었다. 나름대로 나쁜 일 하지 않으려 노력했고, 열심히 살았으며, 부지런히 일했을 뿐이었다. 한데 내 모든 것을 아시는 그분 앞이라고 느끼는 순간 알게 모르게 지은 크고 작은 죄들이 뒤죽박죽 떠오르고 그것을 헹구기라도 하듯 봇물이 터진 것이다.

마음 놓고 울 수 있는 든든한 백이 생긴 것 같았다. 세상살이에서 의도적으로 강한 척, 아파도 안 아픈 척했는데 조금 무장해제를 해도 될 것 같았다. 이제부터는 아무리 힘든 일을 당해도 어린 아이가 부모님께 고해바치듯 그분에게 '나 이만큼 아파요' 하고 어리광을 부리면 '그래 힘들겠다' 하고 등을 두드려주며 내 편이 되어 줄 것만 같았다.

그녀도 그렇게 울 수 있었으면 좋겠다. 그녀와 나는 동갑내기다. 한 번도 말로 표현한 적은 없지만 그녀를 무척 좋아한다. 그녀의 씩씩함과 불굴의 의지를 존경한다. 그녀가 중·고등학교 검정고시를 거쳐 당당히 대학에 입학하고 졸업할 때도 진심으로 축하해 주었다. 그것만으로 만족하지 못하고 다시 대학원에 등록할 때도 마찬가지였다.

그런 그녀가 유방암이란다. 병마가 그녀의 공든 탑을 무너트릴 것 같아 두렵다. 이런 불공평한 일이 어디 있는가. 그분께서 설마 그렇게 하실 리야 없겠지, 하면서도 그녀의 고통을 생각할 때마다 눈물 바람이 분다. 세상에는 선한 사람도 많지만 악한 사람도 있지 않은가. 병고는 악한 사람들에게 골고루 나눠줘야 셈법이 맞는다. 건강한 생각을 가지고 열심히 사는 사람에게 닥친 이런 불운은 너무 억울한 일이다.

분석심리학자들에 의하면 눈물은 정화작용을 한단다. 눈물을 흘리면 몸속의 나쁜 물질이 바깥으로 분비된다고 한다. 지금까지 강하게만 살아온 그녀가 모든 것 다 내려놓고 세상이 모두 쓸려가듯 몇날 며칠 펑펑 울고 난 뒤 기적처럼 건강을 회복했으면 좋겠다. 과학으로는 설명할 수 없는 신비한 일이 그녀에게 일어났으면…. 하고 마음이 간절해지면서 눈물이 또 난다. 내 눈물이 그녀의 쾌유에 도움이 된다면 오죽 좋으랴. 가슴이 저리다.

(2013)

미안하다

1.

틈 사이로 흰 솜털의 씨앗들이 삐져나오려고 호시탐탐 기회를 엿보고 있는 듯하였다. 사이좋게 나란히 누운 씨앗의 끝은 화약 묻은 성냥을 연상시켰다.

지난봄 자연휴양림 행사에 참석했을 때였다. 숲해설가가 박주가리 열매를 하나씩 주었다. 오돌토돌하고 표주박 색깔의 약손가락을 닮은 열매는 한쪽이 칼질이 된 듯 갈라진 모양새였다.

함께했던 일행들은 비눗방울 놀이를 하듯 씨앗을 입으로 후후 불며 마냥 즐거워했다. 하지만 나는 그 순간 눈먼 욕심이 발동하여 주머니에 넣고 말았다. 내 속셈은 자주 가는 강원도 홍천의 먼 곳으로 이주시켜 줄 요량이었다. 그런데 그날 이후 씨앗과 그 무언의 약속을 나는 까마득히 잊고 있었다.

한여름 무더위가 기승을 부리던 날 주머니에 손을 넣다 소스라쳤다. 어두운 곳에 갇혀 있던 씨앗은 얼마나 노심초사했을까. 속을 살짝 엿보니 그렇잖아도 하얀 깃털이 백발이 되어 있었다. 나는 그에게서 필생의 숙원인 발아 기회를 박탈한 거였다.

별로 귀한 대접을 받지 못하지만 박주가리는 아무 곳이나 뿌리를 잘 내리는 여러해살이 덩굴식물이다. 솜털 보송보송한 연보라색 종모양의 작은 꽃조차 그다지 눈길을 끌지 못하지만 매혹적인 향기만은 어디에도 뒤지지 않는다.

봄비 온 뒤 청명하던 그날, 날개를 달고 날아간 그의 친구들은 지금쯤 꽃을 피우고 있을 텐데 나 때문에 아직도 씨앗 그대로여서 '미안하다'를 연발한다.

씨앗의 소망이 뭐겠는가. 풍광 좋은 산야에 자리 잡아 꽃을 피우는 것이리라. 그의 소망을 잊지 않기 위해 이름표를 달아 책상 서랍에 고이 간직한다. 물론 내년 봄까지 그는 기다림을 배우며 긴 잠에 들 것이다. 거참, 미안하지만.

2.

딸과 아들네의 고만고만한 사내녀석 셋이 모이면 혼이 쏙 빠질 지경이다. 내 아이들이 저만 했을 때가 엊그제 같은데 어느새 결혼을 하여 어미, 애비가 되었다. 그 모습이 대견하기도 하나 내가 자식들에게 해준 게 너무 없어 미안하다. 감정에만 치우쳐 아버지의 자리도 비워두었고 엄마로서의 직분도 다하지 않았으니 고아나 진배없이 자랐다.

내가 한 일은 그저 한 지붕 아래서 잠만 잤을 뿐이다. 삼시세끼 밥만 먹이면 되는 줄 알았으니 참으로 어리석은 어미였다. 그것도 따뜻한 밥 한 끼 제대로 해먹이지 못했다. 오로지 밥벌이 하느라 바깥으로만 도는 어미를 대신해 각자가 제 밥 제가 챙겨 먹는 식이었다.

딸이 초등학교 1학년 때였다. 하루는 학교에 간 아이가 울면서 돌아왔다. 얼마나 어미가 무심했는지 소풍날조차 몰랐던 것이다. 아침에 먹던 밥을 싸서 부랴부랴 뒤따라갔으니 어찌 즐거운 소풍이 되었으랴. 동심에 추억은커녕 상처만 안겨주었다. 뿐인가, 가족나들이는커녕 옷 한 벌 변변히 사 입히지 못했으니 참 미안하다.

그런데도 못난 어미를 원망하지 않으니 엄청 미안하다.

3.

이제야 자연의 순리를 조금 알아채는 것일까. 한 마리의 벌레를 죽이려고 해도 어쩐지 미안하다. 해충이라 어쩔 수 없는 경우에도 맘속으로 마냥 '미안하다'를 되뇐다.

그럴 때면 언젠가 들은 우스갯소리가 생각난다.

시아버지 모기가 외출하면서 며느리에게 말했다.

"아가, 내 저녁밥은 준비 안 해도 된다. 어느 선한 인간을 만나면 배불리 포식을 할 것이고 못된 인간을 만나면 맞아 죽을 테니까."

얼마 전 잘 익은 블루베리를 따다가 화들짝 놀랐다. 벌레가 가지에 촘촘히 붙어 있었다. 제법 화려한 무늬로 등을 장식하고 있다마는 징그럽기 짝이 없다.

텔레비전에서 본 바로 그 녀석이 분명하다. 어디선가 밀입국하여 우리 작물에 상당한 피해를 주고 있다지 않은가.

고민할 것도 없다. 몇날 며칠 독한 약을 뿌려대었으니 나는 시아버지 모기가 말한 '못된 인간'이 되고 말았다. 아, 참으로 미안하다.

(2014)

어항 속에서

몇 해 전부터 나는 열대어 종류인 구피에게 정을 들였다. 키우기가 별로 까다롭지도 않을뿐더러 순풍순풍 새끼도 잘 낳고 금실도 좋아 보는 재미가 만만찮았다. 그 모습을 눈여겨본 L시인이 함께 길러보라고 주홍빛의 플래티 새끼 일곱 마리를 가져왔다. 한데 그중 한 마리가 눈에 띌 정도로 등이 휘어 있었다. 당연히 헤엄치는 모양새도 어설펐다. 하루의 대부분을 바닥에 납작 엎드리거나 옆으로 드러누운 채 있다가 먹이를 먹으러 수면으로 솟구칠 때면 몸 전체를 힘겹게 흔들어야 한다.

자라면서 낫지 않을까 하는 일말의 희망을 보기 좋게 저버리고 요즘은 더 상태가 심각해져 죽은 듯이 누워있다. 혹시 죽은 게 아닌가 싶어 가슴이 덜컥 내려앉는 순간 힘들게 떠올라 먹이를 간신히 받아먹고는 다시 드러눕기를 반복해서 나를 무척 애달프게 한다. 새끼손톱보다 더 작은 미물이지만 보고 있으면 그 고통이 내게 고스란히 전해진다.

종종 이 물고기를 물에서 건져내어 고통으로부터 해방시켜 줘야 하지 않을까 갈등도 일지만 이내 내 영역이 아님을 깨닫는다. 척추장애를 가지고 태어나 죽을 만큼 앓았지만 지금은 씩씩하게 살고 있는 문인 한 분을 알고 있다. 몇 번이나 맞은 생과 사의 고비에 담긴 고통과 눈물을 범인(凡人)들이 감히 짐작이나 할 수 있으랴. 그는 지금 남들보다 몇 배 더 분주히 살고 있기 때문이다.

지난해 봄에 아는 분이 간부전으로 이식수술을 받았다. 수술 외에는 방법이 없었다. 이제 막 성년이 된 아들과 딸이 자신의 간 일부를 아버지께 드리겠다고 나섰으나 상황이 좋지 않았다. 시각을 다투던 바로 그때 용케 기증자가 나타나 생명을 건졌다. 그분의 말씀에 의하면 자신은 천운이고, 지금도 많은 이들이 병마와 싸우고 있다고 한다.

내 나이 30대 초반 때의 일이다.

일주일에 두 번씩이나 투석을 하며 병고에 시달리는 어느 환자의 사연을 텔레비전에서 보았다. 눈물겨웠다. 아픈 본인은 물론 가족은 또 얼마나 힘들까. 모든 일상이 흐트러져 살아도 사는 게 아닐 것이다. 그런데 해결책이 있단다. 콩팥 하나면 된다는 것이다. 두 개 있는 장기를 하나만 나누면 한 생명을 살릴 수 있다나…. 무슨 치기가 발동했는지 스스로도 모를 일이었다. 아이 둘을 데리고 그날그날 벌어먹고 사는 곤고한 처지 따위는 까마득히 잊고 나는 장기기증 센터로 전화를 걸었다.

"저어…, 저는 몸뚱이 하나로 벌어먹고 사는데 콩팥 하나 떼어내어도 괜찮을까요?"

"괜찮을 리가 있어요?"

전화를 받은 이가 내지르듯 말을 뱉었다. 정신이 번쩍 들었다. 꼭 졸지에 나쁜 일을 하려다 들킨 모양새였다. 뜨거운 가슴에 얼음물을 쏟아 붓는 것 같았다.

지금도 나는 그때 전화를 받은 이가 왜 그토록 퉁명스러웠는지 짐작할 수가 없다. 혹시 내 행동이 불법 장기매매라도 하려는 것으로 비쳤을까? 어쨌든 그 덕택으로 나는 콩팥 두 개를 지금까지 간직하고 있다.

얼마 전부터는 또 다른 지인이 일주일에 두 번씩 투석을 하며 힘겨운 나날을 보내고 있다. 그런데 20여 년의 세월이 내게서 순수한 마음을 빼앗아 간 것일까. 낯모르는 누군가를 위해 내놓겠다고 큰소리칠 때는 언제고 이젠 용기가 나지 않는다.

'사후시신기증서'에는 일찌감치 사인을 했지만 살아있는 동안 간을 누군가에게 나눠준다거나 콩팥 하나를 떼어내기 위해 수술대에 오르는 일은 겁이 난다. 콩팥은 두 개 중 하나만 있어도 사는데 지장이 없다는 말은 용기에 보탬이 되지 않는다.

드러누워 있는 동료의 아픔에도 아랑곳없이 나머지 물고기들은 어항이 비좁도록 활발히 움직이고 있다. 장기(臟器) 하나에 전전긍긍하는 부끄러운 내 자화상을 어항 속에서 본다. 오늘은 생각이 많은 날이다. (2014)

3.

살다는 것은

밤새 천둥 번개를 동반한 빗소리에 잠을 설치다 새벽녘에야 풋잠에 들었다. 꿈속에서 비 오는 연병장을 비몽사몽 돌고 돌았다.

하- 낫, 두- 울, 세- 엣 , 네- 엣….

꿈결인 듯 우렁찬 구령소리가 들려왔다. 벌써 자랑스런 대한의 건아들이 연병장을 돌고 있었다. 그 기상이 하늘을 찌르고도 남을 듯하였다. 비는 어느새 그쳤고 맑고 푸른 하늘이 활짝 열려 있었다.

불의 길

덕구온천에서 땀 흘리고 나와서 머리 말릴 바람을 찾아 920번 도로를 따라간다. 어느새 들은 하얀 꽃으로 풍성하다.

안개에 젖은 감자꽃이 구름 같다. 밭둑에 다보록이 모여 있는 찔레꽃, 개울을 따라 군락을 이룬 삘기, 깎아지른 산자락에는 밤나무꽃, 모두 흰색 일색이다. 산비알을 감싼 개다래조차 나도 흰꽃이라는 듯 이파리를 새하얗게 물들였고 강변의 자갈도 흰 무리에 끼려고 몸을 말리고 있다. 금강송에만 앉는다는 백로 무리는 또 어떻고. 까마귀가 부러운 듯 건너편 전선주에 앉아 백로의 하는 양을 곁눈질 하고 있다. 백로의 둥지에서 알을 훔쳐 먹으면 저들도 흰 무리에 낄 수 있으려나 하는 상상이라도 하는 걸까.

상당에서 하당으로 가는 길에는 나무백일홍이 한여름의 정열을 준비하느라 가지 끝을 부끄럼 타는 처녀의 볼처럼 불그레하게 물들였다. 그는 정말로 간지럼을 타는 나무이다. 벗고 있는 맨살을 살살 간질이면 가지 끝에 있는 잎이 흔들린다. 그런 그가 내 눈높이에 맞춰주느라 키를 낮춰 나지막하게 서 있다.

늦은 걸음을 그 누구도 뒤에서 보채지 않는 이 길은 있는 대로 해찰을 부려도 좋다. 도시에서는 조금만 천천히 가도 경적을 울려대며 채근을 해대니 덩달아 얼마나 조급해지는가.

하당 삼거리에 울진, 두천이란 팻말이 팔을 벌리고 있다. 울진쪽으로 길을 바꾼다. 박금천, 오월교, 호월2리 추곡교를 지난 강물이 바위 절벽을 감싸며 에돌다 길동무를 하자고 나선다. 우뚝 홀로 나앉은 소나무 한 그루는 씨름판의 천하장사처럼 의기양양한 모습이다.

지난여름의 일이 떠오른다. 그날은 불의 길을 갔었다.

안동 병산서원에는 390년, 부산 양정동에는 8백년이 된 나무 백일홍이 있다지만 우리는 해마다 이곳 울진에 있는 어린 나무를 만나러 온다.

저녁 이내 속에 알몸으로 붉디붉은 불을 이고 있는 나무 백일홍. 하당리 지나, 중당리, 중당리 지나 상당리 휘어진 긴 길은 온통 붉은 구름 천지였다. 그 뜨거운 열정은 어디서 온 것일런

가. 누가 그토록 그의 마음에, 그의 온몸에 불을 질렀기에 저토록 견디질 못하고 불을 뿜는가 싶었다. 덩달아 내 가슴도 달아올랐다. 그 붉음 내 속에 가두어 열꽃 핀 얼굴로 한길에 나서면 창피할까 봐 뜨거움 식혀주려고 왕피천 물줄기가 길을 따라 흐르는가 싶었다.

도라지조차 키를 낮춘 꼬불탕 길을 꽃잎을 밟고 달리다 보니 곳곳에 노란 팻말이 있었다. '산불조심'. 걷잡을 수 없도록 불을 질러놓고 '불조심'이라니. 달아오른 가슴 왕피천 물로도 식힐 길 없어 엠한 숨만 크게 들이마셨다. 아쉬움에 그대로 서울로 돌아올 수 없어 다시 길을 돌이켰던 날이기도 했다. 지나온 길을 되돌려 하늘도 붉고 길도 붉고 세상도 온통 붉은 그 길을 무엇에 홀린 듯이 왔다 갔다 했다.

뿐인가, 그날은 개울의 자갈조차 붉었다. 오늘 같은 봄날, 하늘 푸를 청, 산 푸를 청, 나무 푸를 녹으로 청록의 길인 줄 알았더니 천만의 말씀이라는 듯 소나무도 바위도 모두 속살이 붉디붉었다. 그 길을 따라가면 바다 속까지 붉을 것만 같았다.

마치 사랑에 빠진 것처럼 뜨겁고 붉은 계절, 그 붉음을 머리에 이고 흥분된 마음으로 달리는 나와는 달리 내 어머니는 붉은 빛만 보면 울음을 삼키신다.

홍역이 돌던 어느 해 우리 삼 남매에게도 열꽃은 어김없이 찾아들었다. 그중 제일 심하게 앓던 큰동생은 숨만 붙어 있을 뿐 땡볕에 뿌리째 뽑혀 축 늘어진 맨드라미 같았다고 한다. 붉음은 온몸으로도 모자라 눈까지 물들였는데 그 열꽃을 다스려 줄 토끼 한 마리가 필요했다. 하지만 어머니의 가난한 주머니로는 어림없는 일이었다. 그날 이후 붉은 빛은 어머니의 한이 되었다.

나는 이내 닥칠 여름이면 불의 길이 될 이곳을 다시 찾아들 요량이다. 중년을 넘어선 지금도 여전히 붉은 눈인 동생을 바라볼 때마다 붉은 빛조차 원망스러워 하는 늙은 어머니와 함께일 것이다. 이 길 위에서 어머니가 스스로 죄인이 되는 족쇄를 풀었으면 좋겠다.

(2009)

무언극 감상

동경 신주쿠(新宿) 한가운데 자리 잡은 중앙공원에 가면 잘 연출된 무언극을 감상하는 것 같아 오래 시간을 보내곤 한다.

맥문동이 대궁을 한껏 뽑아 올려 보랏빛 꽃을 피운 공원으로 들어선다. 긴 칼을 쥔 무사, 그리고 그 앞에 무릎 꿇은 여인, 필시 애달픈 사연을 품었음직하다. 다시 몇 발자국 떼다보면 그와는 대조적인 풍경이 눈길을 끈다.

몸뚱이를 간신히 들이밀 만한 낡은 천막 10여 개가 올망졸망 어깨를 맞대고 진을 쳤다. 몽고의 겔을 닮은 것, 세모진 것, 둥근 돔처럼 생긴 것, 네모진 것 등등 다양하다. 자재도 비닐에서부터 골판지까지, 주인의 손재주에 따라 모양새는 제멋대로이지만 하나같이 깃대처럼 우산을 꽂아놓았다. 우산이야말로 그들의 지붕이며 부의 상징이라고 한다. 종이박스로, 그것도 옆으로 비스듬히 발부터 들어가야 할 둥지를 마련했지만, 몇 가지 세간 사이에 우산 일곱 개를 총총히 꽂아둔 사람은 부자라고 으스대는 듯하다.

당당한 걸인들이 사는 신주쿠 중앙공원, 눈여겨보니 이곳에도 나름의 규칙이 있다. 시민들이 운동하러 나올 시간 전에 그들은 잔뜩 늘어놓았던 자신의 집기들을 정돈한다. 잠자리를 개키고, 면도를 하고, 빨래를 하는 등 느릿하지만 분주하다.

울타리를 기둥 삼아 맨 빨랫줄에 하얀 속옷이 바람에 펄럭이고 있다. 햇살에 흰색깔이 더욱 눈부시다. 집에서 공들여 삶고 헹구어도 저런 빛을 내기 힘든데 무슨 비결이 있는지 궁금해진다. 몇 사람이 모여앉아 이야기꽃을 피운다. 아마 그들도 우리네 주부처럼 아침 일을 끝내고 빨랫말미에 옹기종기 모여 수다를 떠는 듯하다. 바로 도로 건너편에는 초고층 시청 청사가 하늘을 찌를 듯 솟구쳐있는데, 그 높은 위용에도 주눅 들지 않는 그들의 자신감 혹은 만족감은 어디서 온 것일는지.

한가로이 산책 나온 사람들은 그들대로의 일상을 나누고 바로 옆에서는 노숙인이 새벽이슬을 털고 일어나 빵 한 개로 끼니를 때우고 있기도 하다. 그 모습이 나에게는 생경스러워 보이지만 그것은 내 고정관념일 뿐, 그들은 그렇게 제 방식대로 살아가는 것 같다.

백발의 한 사내는 배낭에 비스듬히 기대어 독서삼매경에 빠져있다. 그는 자신의 처지를 잊었단 말인가? '風味絶叫(풍미절규)'라는 제목이 언뜻 눈에 들어온다. 눈으로 보고, 맛을 보고, 귀로 들은 맛을 즐기기 위해 고심하는 것이렷다. 그 또한 내 틀에 박힌 생각일지도.

글을 쓰고 있는 이, 통틀어 보아야 작은 쇼핑백 하나 될까 말까한 전 재산을 정성스레 싸는 이, 리어카 그득히 살림을 꾸리는 이, 그들 세계에도 빈부의 차이가 있음이다. 신문을 샅샅이 훑고 있는 사람, 돗자리 얌전히 접어놓고 수염을 다듬고 있는 사람도 있다. 열쇠를 여남은 개나 허리춤에 건 이가 자리를 뜬다. 그는 도대체 그 열쇠를 어디에다 쓰는 것인가. 혹여 비밀스러운 재물이라도 숨겨두고 있단 말인가. 내일의 세상을 보기 위해 안경을 닦고 있는 이, 정성들여 안경을 닦는 저이는 무엇을 보고 싶을까? 이곳 공원에는 그들 말고도 몸 붙이고 사는 식구들이 많다.

시누대가 층층이 키를 맞춰 둔덕에서 푸른빛을 뿜고 있다. 자기가 설 자리를 스스로 아는 양 어릴수록 앞자리를 차지하였고 그 뒤로는 큰 키 나무들이 어깨동무하고 있다. 뿐만 아니다. 까마귀 한 쌍도 나무 위에서 아침식사를 한다. 검정색 정장 차림으로 한껏 위엄을 갖춘 모습이다. 늠름한 자세로 먹이를 쪼고 있는 그 아래에서는 혹 떨어지는 부스러기라도 있을까 하여 참새들이 기웃대고 있다. 모두가 주인공들이다.

저긴 무슨 일인가? 커다란 여행용 가방을 옆에 둔 젊은 연인 한 쌍이 계단에 쪼그리고 앉아 코가 맞닿을 듯이 서로의 얼굴을 바라보고 있다. 서로에게서 떼지 못하는 눈빛에 묻어있는 간절함이 짠하게 전해온다. 그들은 혹 종이 탑이라도 쌓고 싶은 것일까. 하늘은 뚫렸어도 좋으니 두 몸을 감싸줄 종이박스 하나를 꿈꾸는지도 모른다.

저만치에는 늙수그레한 여자가 무릎에 얼굴을 파묻고 있다. 주로 남자들만 있는 걸인세계에 여자는 아무래도 낯설어 보인다. 그 누구에게도 방해하지 않고 그 무슨 일에도 관계치 않으려는 듯 결연한 의지가 엿보인다. 공원을 한 바퀴 돌았으니 나도 한쪽에 엉덩이를 붙이고 그녀를 눈여겨보기로 한다. 시간이 얼마나 흘렀을까. 모자를 눌러쓴 남자가 조심스레 그녀에게 다가앉는다. 사랑은 가진 자들만의 전유물이 아닐 것이다.

오늘도 공원을 돌면서 무언극 한 편을 보았다. 나는 내 상상력의 자극을 위해서라도 종종 이곳을 기웃거리고 싶다.

(2011)

날개가 된 원피스

재투성이 소녀가 어느 날 화려한 드레스에 유리구두를 신고 꿈을 꾸듯 파티장의 주인공이 되었다고 했던가.

나도 어느 날 신데렐라가 되었다. 질 좋은 종이처럼 얇고 가슬가슬한 느낌의 원피스는 팽그르르 맴을 돌면 하늘로 날아오를 것만 같아 나를 동화 속의 신데렐라가 되게도, 또 탈피를 한 나비가 되게도 하였다.

잘 사는 집 아이들도 명절이나 되어야 새옷 한 벌을 얻어 입을 수 있는 시절이었다. 그나마도 형제가 여럿인 경우에는 언니가 입던 옷을 물려받는 게 예사였다. 나는 언니는커녕 이모댁에 얹혀사는 형편이었으니 내 몰골은 아마도 추레했을 터이다.

군 대회에 나가 글짓기 초등부 장원을 하고 돌아온 며칠 후였다. 누가 나를 찾는다고 했다. 짝꿍이 너희 엄마 같다고 하는 말에 가슴이 콩닥거렸다. 오랫동안 소식 없는 엄마가?…. 한데 엄마가 아니었다. 환이네 엄마였다. 나보다 두 살 어린 환이와는 대회에 함께 다녀온 사이였다. 나는 글짓기, 그는 동화읽기였다.

뻘쭘하게 서 있는 나의 작은 어깨를 감싸는 환이엄마의 체온이 따스했다. 배릿한 엄마냄새에 나는 눈물이 날 것 같았지만 꾹 참았다.

"이쁘고 기특해서 주는 선물이야. 받아줄래?"

그 당시 옷감 혁명의 선두주자인 지지미 원피스였다. 눈부신 흰색의 상의를 맑은 하늘빛 주름치마가 떠받치고 있었다. 참 감동적이었다. 난생처음 받아본 선물. 그 선물은 아주 오랫동안 나를 들뜨게 하였다.

그날 이후 내 상상의 날개는 끝없는 비상을 했다. 지지미가 촉매노릇을 하고 그동안 한 권도 빠짐없이 읽었던 학급문고의 동화책들이 뼈와 살이 되었다. 자칫 내 처지를 비관할 수도 있었는데 세상을 긍정적인 눈으로 바라볼 수 있게 된 것은 순전히 그 덕분이라고 나는 믿는다.

10여 년이 흐른 어느 날 나는 마산행 버스에 몸을 실었다. 사과 한 바구니로 고마움을 갚을 수는 없지만 환이엄마를 꼭 만나고 싶었던 것이다. 다행히 머지않은 곳으로 이사를 해 수소문 끝에 찾을 수 있었다. 여전히 고운 모습 그대로의 그 엄마는 내가 자신을 찾아준 것에 대하여 민망할 정도로 감격스러워했다.

"니는 철이 들어도 한참 들었다. 우리집 아이들은…."

짧은 만남을 아쉬워하며 내가 보이지 않을 때까지 그 자리에 붙박인 듯 서 있던 환이네 엄마의 모습, 그게 끝이었다.

돌아보면 나는 그동안 많은 분들로부터 끊임없이 받기만 하며 살았다. 그러니 갚아야할 빚만 고스란히 남은 셈이다. 지금은 어느 하늘아래에 계신지 모르는 그분에게 부끄럽지 않기 위해서는 사랑을 베푸는 일일 텐데 솔직히 자신이 없다. 그냥 환이엄마가 보고 싶을 뿐이다.

(2012)

얼음공주

거울 속에 한 여자가 있다. 웃음기 머금은 여자는 상냥하기 짝이 없어 보인다. 누구라도 눈 한 번 맞추면 금방 행복바이러스가 퍼질 것만 같다. 하지만 아니란다. 그래서 선인은 '너 자신을 알라'고 목소리를 높였던가. 자신의 단점을 본인이 가장 잘 알 것 같지만 그렇지 않은 것 같다. 더구나 다른 사람이 나를 보는 시각과 거울을 통해 스스로를 바라보는 느낌은 분명 차이가 있다.

오랫동안 가깝게 지내는 분께 뜻밖의 말을 들었다. 내 첫인상이 도도하고 쌀쌀맞아 보여 쉽게 다가서기 힘들었는데 시간이 흐르면서 그 편견이 깨졌다고 하셨다. 놀라웠다. 얼마 전 참참한 이미지의 어느 분을 얼음공주라고 칭하는 소리는 들었지만 내가 그에 버금갈 줄이야.

어렸을 적 엄마와 함께 외출을 하면 누구라도 "따님이 아빠를 닮았나 보군요."라고 했다. 그 말은 '그 엄마에 그 딸'과는 거리가 멀다는 뜻임을 왜 모르겠는가. 하지만 내가 누군가. 자화자찬 같지만 자라면서 총명한 눈빛 하나만으로도 선생님들을 즐겁게 하였다. 앞자리에 앉아 눈을 반짝이는 나로 인해 얼마나 여러 선생님들이 기꺼워 하셨던가. 이목구비 뚜렷하여 한 인물하던 엄마를 닮지는 않았지만 나름대로 웃음을 잃지 않으려 노력했으므로 모든 사람들에게 상냥한 인상을 주는 줄 알았다.

이유는 있었다. 20대 중반서부터 혼자되어 아이 둘을 책임져야 했으니 약해지면 안 된다는 강박관념에 사로잡혀 살았다. 특히 혼자 사는 젊은 여자에게 보내는 시선이 싫었다. 몇몇 남자들의 친절 뒤에 숨겨진 속내에 상처를 받고는 더욱 철저히 탱자나무 울타리를 둘렀고 스스로 여자가 아닌 척 굴었다.

아무리 여자가 아닌 체한다고 해서 겉으로 드러나는 태까지는 감출 수 없지 않은가. 지인의 입을 빌리면 타고나기를 가냘픈 몸매로 보호본능을 불러일으킨다니 이런 낭패가 또 어디에 있는가. 하지만 줄기차게 오랜 세월을 나는 여자이기보다는 엄마일 뿐이라고 스스로에게 최면을 걸었다. 그런 일련의 일들이 은연중 몸에 배었을 수도 있다. 더구나 살집조차 없으니 후덕

한 느낌과는 거리가 멀었음이 당연했다.

글쓰기를 처음 시작했을 때, 수필의 특성상 내 이야기를 쓰지 않을 수가 없었다. 그러다보니 안타까운 이야기가 끝없이 나왔다. 한데 위로를 하느라 그랬을까. 얼굴에 전혀 궁기라곤 느껴지지 않는데 글 속의 내용이 허구가 아니냐는 분들이 더러 계셨다. 그 말은 큰 위안이 되었다. 지금이나 그때나 기왕에 처한 상황이라면 긍정적으로 받아들이자는 게 내 삶의 방식이다.

어쩌다 세월의 강을 한참 건넜을 즈음 누군가에게 간절히 여자이고 싶을 때가 있었다. 한데 현실적으로 그것은 불가능한 일이었다. 잠시 눌러두고 싶었던 청춘이 그토록 빨리 달아날 줄은 미처 몰랐던 것이다. 무언가를 잃으면 얻는 것도 있는 법. 긴 시간 조바심치며 바장이던 마음이 달관을 한 듯 그지없이 평온해졌으니 그로 위로를 삼을 수밖에.

얼굴은 몸 전체에 비하면 작은 면적이지만 그 사람의 모든 심리상태를 대변한다. 그러니 머지않아 내 뜻과는 무관하게 마른 얼굴에서 풍기는 날카로움까지도 내면에서 우러나는 넉넉한 미소로 감쌀 수 있기를 소망한다. (2012)

숨쉬기가 부드러웠다

그곳에 숲이 있었다. 꽃이 있었다. 아니 자연이 있었다.

보통 삭막하기 마련인 공장건물을 둘러싼 환경이 참으로 포근했다. 여기저기 자태를 뽐내고 있는 늘푸른 나무들과 꽃들의 향연이 길 떠난 나그네의 심사를 설레게 했다. 그중에서도 도도한 품새로 군데군데에서 향기를 뿜는 장미꽃에 끌려 나는 한참 늦장을 부렸다.

건강한 숲 만들기의 확실한 목적을 가진 유한킴벌리다웠다. '우리 강산 푸르게 푸르게'란 기치 아래 전 국토에 심은 나무만도 2천만 그루가 넘고, 나아가 사막화되어가는 동북아시아에까지 나무심기를 하는 회사란다. 숲운동의 선두주자로써 건강한 숲을 만들기 위한 일은 바로 코앞이라고 미뤄둘 수 없는 것이리라.

매년 '문학의 집'에서 떠나는 자연사랑문학제를 나는 기다린다. 참가할 때마다 한 송이 꽃이나 한 그루의 나무를 통해 얻는 소득이 쏠쏠하기 때문이다. 올해는 오서산(烏棲山)자연휴양림을 향해 가는 중이었다. 마침 지나는 길에 들른 유한킴벌리 대전공장의 너른 숲은 그 자체로 자연이었다.

공장 입구에 진열된 하기스 기저귀를 보는 순간 손자녀석이 떠올랐다. 내 손자의 기저귀가 바로 이곳에서 만들어지고 있었던 것이다. 제 어미 때는 상상도 못했던 세상에서 녀석은 자라고 있다. 착용하고 물놀이 할 수 있는 기저귀에 더구나 요즘 초관심사인 남아공 월드컵을 맞아 캐릭터가 축구하는 모습이 박힌 사커팬츠까지 입고서.

나는 특히 숲운동 중 '신혼부부 나무심기'에 박수를 보낸다. 자신의 2세가 항상 나무처럼 튼튼하고 숲처럼 푸르게 자라기를 바라는 간곡한 마음을 담아 심은 나무는 또 다른 환경으로 길이길이 이어져 강산을 푸르게 할 테니까 말이다.

내가 어렸을 때만 해도 온 산이 벌거숭이였다. 벌건 속살을 드러낸 산들이 어린 눈에도 민망했다. 우리는 시간만 나면 산으로 송충이를 잡으러 갔고 봄이면 열을 지어 나무를 심으러 다녔다. 구덩이를 알맞게 파고 어린 묘목의 뿌리를 가지런히 세워 흙을

덮고 발로 다지며 무럭무럭 자라길 기원하지 않았던가.

요즘은 전국 어디를 가도 다 울창하다. 가지각색의 옷들을 입은 산들이 있다. 사철 푸른 나무, 가을이면 잎을 떨어트리는 나무 등등. 이런 모습을 바라볼 때면 푸른 우리 강산을 꿈꾼 선각자들이 얼마나 세상을 멀리 내다봤는가를 알게 된다.

어쨌든, 그날은 숨쉬기가 한결 부드러웠다.

(2010)

끝나지 않는 이야기

국경을 초월한 한 남자와 한 여자의 사랑이 온 세계인의 가슴을 울렸다. 생사를 알 수 없는 긴 이별에도 포기하지 않고 결국 기적을 이뤄낸 독일 여인의 위대한 사랑에 많은 이들이 아낌없는 박수를 보냈다.

그녀가 사랑한 남자는 북한 유학생이었다. 서독과 동독이 대립하던 1955년, 당시 예나공대 신입생이던 그녀는 북한에서 온 유학생을 만나 사랑에 빠졌다고 한다. 5년여 열애 끝에 결혼하여 첫아들을 낳고 둘째를 임신했지만 당의 부름을 받은 남자를 여자는 떠나보내야만 했다. 조심스레 꿈꾸던 행복은 그렇게 끝나고 조선 인민공화국으로 돌아간 남자는 소식이 끊겼다.

'지성이면 감천'이라고 했다. 평생 두 아들을 키우며 남자를 기다리던 파란 눈의 그녀에게 하늘이 감동했으리라. 실로 반세기 만에 그녀는 이제 상노인이 된 남자를 이국여자로는 처음으로 평양에서 상봉할 수 있었다. 짧은 만남 후에도 시간은 멈추지 않고 흘렀다. 하지만 서로의 생사를 확인했으니 그것만으로도 여자는 안도하였다. 한데 무정하게도 남자는 또다시 홀로 길을 떠났다. 2차 상봉을 앞두고 홀연히 저승길을 떠난 남자, 그들의 사연이 참으로 애달프다.

모든 것이 계산적으로 셈되는 요즘 젊은이들에게는 이들의 사랑법이 구시대의 유물쯤으로 치부될 수 있다. 하지만 아무리 세상이 달라져도 순애보적인 사랑은 많은 이들의 심금을 울릴 것이라 나는 믿는다. 사랑이란 소재는 인류역사상 뭇사람들이 노래했고 문학의 소재로도 끊임없이 등장하지 않는가.

동유럽 여행 때가 떠오른다.

지워지지 않는 상처를 가진 '오슈비엥침(아우슈비츠)' 수용소는 여행객들을 불러들이고 있었다. 마침 우리가 당도한 그 시간에는 속절없이 스러져간 영혼들의 눈물인 양 빗줄기가 굵게 흩뿌렸다.

죽음의 길인 줄 모르고 신세계로 향하는 꿈을 안고 이곳에 발을 딛었던 수많은 유태인, 집시, 정치범들은 가스실의 연기로 사라지고 관광객들을 위해 흑백 사진 속에 일부만 남아있었다.

설치미술가의 작품처럼 켜켜이 쌓인 가방들마다 글씨가 선명하였다. '1311. Klement Hedwig 8. 10. 1898…' 등등. 주인의 의지와는 상관없이 시간이 멈춘 곳에서 소리 죽여 아우성치고 있는 가방들, 굴뚝의 연기로 흔적 없이 빠져나간 아이들의 신발 동산, 여성들의 머리카락 구릉이 마치 비극적 결말의 연극무대와 흡사하였다. 송두리째 잘린 머리카락은 매트리스나 모포가 되어 또 다른 이의 몸을 감쌌다니 이 또한 모순의 극치였다.

어둠이 짙을수록 빛이 더 강렬하다고 했던가. 극한 상황과 맞닥뜨리면 공황상태가 되어 끝없는 블랙홀로 추락할 것 같지만 끈질긴 생명력은 상상을 초월하는 것 같다. 내일이 없는 오늘을 맞으면서도 유리조각으로 매일 면도를 하던 남성, 가스실로 끌려가면서 한 송이 들꽃에 웃음을 머금었다는 아이, 철사로 깡통 바이올린을 만들어 모차르트의 곡을 연주했다는 예술가 등이 이를 증명한다. 이 모든 행동도 사랑이란 감정 때문에 가능하다.

그중에서도 남녀 간의 사랑은 불가사의하다. 자식을 향한 모정이나 자애(自愛, 慈愛)는 천륜의 끈으로 연결되어 있으니 어찌 보면 당연지만 피 한 방울 섞이지 않은 남남이 죽도록 사랑함은 어떻게 설명될 수 있으려나.

폴란드 레지스탕스로 싸우다 체포되어 이곳 수용소의 곡물창고에서 일하던 남자와 청소하러 온 유대인 여자의 경우도 그렇다. 말은 단 한마디도 건넬 수 없었지만 눈빛만으로 서로의 마음을 확인할 수 있었다니 이 어이 사랑의 위대성을 의심하랴. 동토의 땅에 한 톨 씨앗이 움트는 기적, 그들 앞에는 그 어떤 것도 장애가 될 수 없었다. 죽으면 죽으리라는 마음으로 드디어 남자와 여자는 탈출을 결심한다.

우여곡절 끝에 그들은 수용소 바깥으로 심부름 나가는 증명서를 손에 쥔다. 등 뒤에 겨눈 총부리를 의식하면서, 어느 순간 총구가 불을 뿜을지도 모를 상황인데 한 발자국씩 앞을 향해 걸어가는 두 사람의 모습이 영화의 느린 장면처럼 그려졌다. 한데 탈출에는 성공했건만 운명의 신은 그들 편이 아니었던가 보다. 남자는 조국을 위해 다시 길을 나서야 했고 여자는 기다려야 했다.

몇 년 후, 전쟁은 끝났다. 하지만 그들은 영영 만날 수 없었다.

상대방을 가슴에 묻고 다른 사람과 결혼해 살다 이승과의 하직을 코앞에 둔 어느 날 우연히, 아주 우연히 여자는 죽은 줄로만 여겼던 남자가 살아있음을 확인했다.

드디어 재회를 한 연인, 흘려보낸 60여 년의 세월이 야속하기만 했으리라. 그런데 평생을 그리워하고 사랑했기에 후회하지 않는다는 두 사람. 이제 또 다시 한 사람은 차안(此岸)에, 또 한 사람은 피안(彼岸)의 세계에 머물고 있는 그들의 이야기도 아직 끝나지 않고 진행중이다. 인류의 역사가 끝나지 않는 한 이 같은 사랑 이야기도 언제까지나 끊임없이 이어질 것이다. (2013)

산다는 것은

높은 건물 유리창에 누군가가 매달려 있어 한껏 고개를 젖히고 올려다본다. 웬 거미인간인가 했더니 유리창을 닦는 모습이다. 탯줄 같은 외줄에 매달려 정성스레 브러시를 움직인다. 위로, 아래로, 옆으로 차근차근 닦고 조금 내려서 줄을 고정시키고 다시 반복하는 모습이 멀리서도 선명하게 잡힌다.

열심을 내어 유리창을 닦는 그가 혹시 안에서 자신보다 더 편하게 일하는 사람들을 보며 부러워하지는 않을까 하는 엉뚱한 생각을 잠시 해본다. 그러나 나는 잠시 뒤 일을 마치고 나오며 세상에는 쉬운 일이 없음을 실감했다.

대출금 만기일이 다가와 연기 차 은행에 들른 나를 상담하던 청년은 은근히 부금 하나를 권했다. 평소 같으면 전화 한 통으로 해결되던 일을 직접 나오라고 한 이유가 바로 거기에 있었다. 그런데 그의 표정이 참 진지했다. 흔쾌히 승낙을 하는 내게 약간 겸연쩍은 표정으로 다들 실적 때문에 스트레스가 심하다는 말을 덧붙였다.

나는 이제껏 몇몇 업종에 종사하는 사람들은 시간만 때우면 쉽게 월급을 받는 줄 알았다. 하지만 세상살이가 그리 호락호락하지 않음을 그의 표정과 몇 마디 말에서 눈치챘다. 삶은 고해라고 했듯이 사람살이에 어느 곳인들 애로가 없겠는가. 그러고 보니 청년도 공중에 매달려 유리를 닦는 저 사람과 다를 바 없는 것 같았다. 육체가 고달프냐, 정신이 고달프냐만 다를 뿐 맡은 바 소임을 위한 노력은 매한가지가 아니랴 .

며칠 전 새벽, 정적을 깨는 유난한 소리에 소스라쳤다. 새벽의 전화는 십중팔구 좋지 않은 소식임을 짐작하기에 더욱 가슴이 뛰었다. 아니나 다를까 병원 응급실로 의식불명인 아들이 실려 왔단다. 하늘이 노래졌다. 무슨 사고인가. 순간적으로 별별 상상이 머리를 복잡하게 했다.

갑자기 응급실이라니 자동차사고인가, 그게 아니라면 군에 근무하는 녀석이다 보니 가끔 보도되던 총기사고인가? 이런 저런 우왕좌왕 끝에 결국은 자동차도 총기도 아닌 과음임이 밝혀져 그야말로 새벽의 해프닝으로 끝났다.

직업군인 8년차인 아들은 한 번도 내게 힘든 내색을 하지 않았다. 어렸을 때부터 여리기만 하여 걱정을 하는 내게 도리어 자신은 군인체질인 것 같다며 너스레를 떨고는 해서 나는 조금도 아들의 일을 염려하지 않았던 것이다. 그날 과음의 원인을 따져 묻지는 않았지만 쌓인 스트레스 때문이라 짐작한다.

어느 직장인들 너와 내가 어우러져 돌아가는 것이니 혼자만 잘해도 되는 노릇이 아니다. 개개인의 생김새가 다르듯 서로 다른 개성 끼리 어우러진 조직사회에서 윗사람은 윗사람대로 아랫사람은 아랫사람대로 스트레스를 받지 않을 수는 없을 터. 나만 해도 그렇다. 한때 예쁜 앞치마를 두르고 식구들을 기다리며 식탁을 차리는 여자이고 싶었다. 하지만 오랫동안 숨 가쁘게 출근하여서 윗사람 눈치를 보고 아랫사람과 실랑이를 하며 하루하루를 보냈다.

앞만 보고 열심히 산 것 같은데 새삼 돌아보니 나이만 먹었지 다람쥐 쳇바퀴 돌듯 제자리만 빙빙 돈 셈이다. 남은 것은 일중독에 권태로움과 피로감뿐. 휴일이면 따끈한 방에 등을 대고 뒹굴고 싶지만 그마저도 내 마음대로 되지 않는다. 직장일 바쁘다는 핑계로 내팽개쳐 둔 식구들에게 봉사하기 위해 또 다시 사람 북적이는 난장으로 나설 수밖에 없다.

세상에는 자신이 꾸던 원대한 꿈을 잠시 접어두고 사는 사람들이 참 많은 것 같다. 은행 창구의 청년도, 유리창을 닦던 사람도 한때는 무한한 꿈을 꾸었을 것이다. 하지만 녹록치 않은 현실에 부딪혀 어느 순간 현실과 타협하고 체념하며 스스로를 다독였으리라. 꿈보다 이제는 실현 가능한 목표를 향해 한 반 한 발 앞으로 나아가는 것이라 나는 믿고 싶다.

더 큰 비상을 위해 도움닫기를 준비하고 있는 그들에게 행운이 함께하기를 빈다. (2008)

까치놀

나는 그날 망망한 바닷가 낭떠러지 위에 서 있었다. 더 이상 한 발자국도 앞으로 나갈 수 없는 절벽, 그것은 내가 처한 상황이기도 했다. 한 줄기 빛도 보이지 않는 캄캄한 절망 앞에서 오래도록 숨을 참으면서 나는 내게 닥친 불운이 흡사 그 바다의 탓인 양 노려보고 있었다. 아니, 꺾이려는 무릎에 가까스로 힘을 주고 서 있었다.

며칠 전 나는 5중 추돌사고를 내었다. 차체에서 '텅' 하는 소리가 남과 동시에 내 차는 핑그르르 중앙선 너머로 돌았고 반대차선에서 달리던 차들은 차례로 굉음을 일으키며 뒤꽁무니를 들이받았다. 내가 운전하던 영업용택시에는 젊은 남자손님 한 사람과 학교 가까운 곳에 내려주려던 딸이 타고 있었다.

도대체 이게 무슨 일인가. 내 앞에 벌어진 상황이 도저히 이해가 되지 않았다. 나는 15년 무사고 운전수였다. 사이렌소리에 딸이 울먹이며 "엄마, 괜찮아요." 했다. 퍼뜩 정신이 들었다.

뒤엉킨 다섯 대의 차에서 나온 사람들은 천만다행으로 모두 무사한 듯해 보였다. 내가 태운 손님은 과속을 한 것도 아닌데 이상하다며 만약 증인이 필요하다면 연락하라며 메모를 남기고 떠났다.

덜덜 떨리는 손으로 차주에게 전화를 했다. 나는 그녀의 차로 영업을 하는 대신 내게 할당된 사납금을 입금하는 처지였다. 보험처리를 부탁한다는 내 말에 동문서답하는 그녀의 반응이 이상했다. 그 이유는 경찰서에 가자마자 밝혀졌다.

내가 운전한 차가 무적차량이라는 것이다. 무적이라니? 처음 듣는 소리였다. 도무지 영문을 몰라 하는 내가 딱해 보였는지 경찰이 자세히 설명을 해줬다. 사람으로 치면 호적이 없다는 뜻이란다. 말인즉슨 폐차를 시켜야 하는 차를 가지고 불법으로 영업을 한 거라고. 더욱 아연할 일은 그 사실을 알면서도 차를 빌려준 차주는 처벌할 수가 없고, 몰랐을망정 운전을 한 내가 모든 책임을 져야 한단다.

꿈이 아닌 현실이었다. 경찰서로, 자동차공업사로, 돈을 마련하러 여기저기 뛰어다니느라 나는 점점 지쳐가고 있었다.

'이런 일이 왜? 하필 내게….' 체력은 고갈되었지만 잠을 잘 수 없었다. 머리는 터질 것 같은데 설핏 잠에 드는가 싶다가도 가위에 눌려 소스라치곤 했다. 마지막으로 바다가 보고 싶었다.

발끝까지 전해지는 거센 파도의 뒤척임을 느끼며 나는 한동안 꼼짝 않고 그 바닷가에 서 있었다. 파도소리를 자장가 삼아 몽롱한 정신을 살며시 내려놓으면 내 몸이 가벼운 깃털처럼 날 것만 같았다. 바로 그때 먼 바다에서부터 점점 내게로 다가오는 오색 빛을 발견했다. '까치놀'이었다. 절망스런 내 기분 따위는 아랑곳없이 수평선과 하늘을 불긋불긋 물들인 노을. 설명할 수 없는 오묘한 경이로움이었다. 한줄기 희망이었다.

아름다움을 아름답다 느끼는 것은 살아있는 자들만이 누릴 수 있는 특권이 아닌가. 그 어떤 고통이라도 그것은 한평생 살아가는 과정에 부닥치는 아주 작은 일임을 나는 까치놀을 보며 비로소 깨달을 수 있었다.

우리말 '까치놀'은 '다양한 색상의 설빔에서 연상되어 만들어진 말'이라고 한다. 걱정 근심 없던 어린 시절, 까치설날 입던 색동저고리처럼 그날 이후 까치놀은 내 가슴에 단단히 자리 잡고 힘들 때마다 꺼내보는 그림이 되었다. (2015)

전진!

이래봬도 나는 남성들만의 전용공간인 신병훈련소에서 밤을 새웠다. 그것도 젊음과 그들의 땀냄새와 섞여서…. 여성들은 사절인 그곳에서의 하룻밤은 내게 특별한 경험이 되었다.

○○심포지엄을 민통선 안에서 가졌다. 비무장지대 하면 뭔가 긴장되는 느낌과 묘한 향수를 불러일으킨다. 하늘을 나는 새도, 네 발 달린 짐승들도 자유롭게 오가는 곳이지만 우리에게는 분단의 아픔이 묻어있는, 통제의 땅이지 않는가. 그래서 흔쾌히 따라나섰는데 그 밤을 지낼 숙소가 1사단 ○○부대 신병훈련소였던 것이다.

심포지엄을 마치고 한국전쟁의 영웅인 백선엽 장군을 기리는 '백선엽 문화의 전당'에서 풋풋한 젊은이들과 함께한 문학행사도 날씨만큼이나 뜨거웠다. 끝날 줄 모르는 장기자랑, 잠시 숨을 돌리고 우리 일행은 5대의 버스에 나눠 타고 이동을 했다.

내무반에 들어서자 젊은이 특유의 땀냄새가 훅 끼쳤다. 가운데 통로를 두고 나란히 열을 지어 잘 수 있는 마룻바닥을 보고 다들 황당한 표정이 되었다. 무더운 복중에 이런 곳에서 잠을 이룰 수 있을까? 이심전심인가, 너도 나도 달아날 핑계를 대기에 급급했다. 바로 그때 몇 남지 않은 얼굴들을 둘러보며 정선생이 호언장담을 했다.

"우리가 언제 이런 곳에서 자볼 수 있겠어. 내일 아침이면 젊은 기를 받아서 10년은 젊어져 있을 거야."

지당하신 말씀이다. 우리가 누군가. 씩씩한 대한민국 국군의 어미들이다.

내 아들도 이런 곳에서 훈련을 받고 고단한 몸을 누였을 거라고 생각하니 녀석을 논산훈련소에 두고 오던 날이 떠올랐다. 남들보다 냉정한 어미라 눈물을 보이지 않을 자신이 있었다. 그런데 이게 웬일인가. 녀석이 연병장으로 뛰어나가는 순간 앞이 뿌예지더니 걷잡을 수 없는 울음이 강을 이루었던 것이다.

집으로 돌아온 나는 그날부터 맛있는 것을 보아도, 얼룩무늬 군복만 보아도 가슴이 미어질 듯 아팠다. 녀석이 입고 간 옷이 도착한 날은 뜬눈으로 밤을 지새우기도 했다.

세월이 약이라고 했던가. 얼마간의 시간이 흐르자 나는 다시 일상생활에 젖어들었고 녀석은 녀석대로 간간이 전화선 너머에서 암만해도 자신은 군대체질인 것 같다고 너스레를 떨었다. 그리고는 올해로 10년 가까이 군복을 입고 있다. 그러니 내무반 정경이 예사롭지 않음은 당연지사다.

아침에 아들이 군에 있을 때 그토록 먹고 싶어 하던 초코파이를 먹고 왔다는 박선생과 의미 있는 눈빛을 교환하며 미소 지었다.

밤새 천둥 번개를 동반한 빗소리에 잠을 설치다 새벽녘에야 풋잠에 들었다. 꿈속에서 비 오는 연병장을 비몽사몽 돌고 돌았다.

하- 낫, 두- 울, 세- 엣 , 네- 엣….

꿈결인 듯 우렁찬 구령소리가 들려왔다. 벌써 자랑스런 대한의 건아들이 연병장을 돌고 있었다. 그 기상이 하늘을 찌르고도 남을 듯하였다. 비는 어느새 그쳤고 맑고 푸른 하늘이 활짝 열려 있었다.

하룻밤의 내무반생활이 공염불만은 아니었던 모양이다. 식당으로 가다 만난 김선생에게 나는 거수경례를 붙였다.

"전진!"

(2008)

재스민 향기

지난겨울은 얼마나 추웠는지 봄이 오지 못할 줄 알았다.

그동안 공공연히 써오던 3한 4온이란 말이 무색할 지경이었다. 한파가 몰아치고 나면 숨 돌릴 틈을 주듯 며칠은 따뜻하던 예년의 기억을 깡그리 지우며 사람도 축생도 추위에 떨며 긴 겨울을 실감했던 것이다. 그 여파에 꽃눈도 나무도 다 얼어 죽지 않았나 했다. 뿐인가. 전국을 공포에 휩싸이게 한 구제역 등등은 그야말로 우리 모두를 움츠러들게 했다.

이제 겨우 날씨가 풀려 봄인가 싶다가도 때 아닌 눈발이 솔솔 날리고 여지없이 추위가 몰아쳐 몸과 마음을 다시 꽁꽁 얼어붙게 만들었다. 3월 하고도 경칩이 지난 후에도 백설이 분분하여 봄이 까마득하게 느껴졌다. 그러나 우린 분명 봄이 온다는 것을 알기에 절망하지 않고 희망을 가지는 것이다.

그런 저런 사연 속에 드디어 봄이 왔다. 여기저기서 걷잡을 수 없이 꽃이 피기 시작하니 말이다. 이게 바로 묘한 자연의 이치다. 꽃 피니 당연히 향기 있기 마련. 온 세상을 채울 듯한 꽃향기에 긴 겨울이 언제였던가 싶으니 사람의 마음이란 참 간사하다.

동네의 꽃빛만으로는 갈증이 나서 화원을 찾았다. 그득한 꽃들의 향연에 한눈을 팔다 엉뚱한 상상을 했다. 넘치는 꽃향기를 어디에 담아 보관할 수 있으면 얼마나 좋으랴 하고. 아껴두고 음미할 수 있다면 힘들고 우울한 날 그만일 것 같으니 철없는 소치임에 틀림없으렷다. 천지로 퍼져나가는 이 향기를 어디다 가두랴, 속수무책이지 않은가.

마침 노랗게 벙근 개나리재스민의 향기를 맡다가 요즘 온 지구촌을 떠들썩하게 만든 사건을 떠올렸다. 바야흐로 재스민 향기 때문에 오랜 장기 집권, 부정부패, 독재를 일삼던 나라들은 지금 홍역을 앓고 있다.

튀지니의 민주화 운동을 시작으로 중국까지 건너온 재스민 혁명의 발단은 알다시피 청과물 노점상을 하던 청년의 분신자살로부터다. 대학을 졸업하고도 일자리를 구하지 못해 노점상을 하던 청년이 경찰단속으로 생명줄인 물건을 빼앗기고 자살을 한데 대해 민중들은 분노했던 것이다. 청년의 이야기가 결국 고실업과 인플레이션에 시달리던 자신들의 일이었으니 절박할 수밖에 없었으리라.

결국 튀지니의 민중들은 혁명의 성공으로 독재자 벤 알리를 몰아냈다. 그 이후 튀지니의 국화가 재스민인 점을 들어 '재스민혁명'이라 불린 이 민주화 운동은 주변의 여러 나라를 자극했다. 기다렸다는 듯이 이집트의 민중들도 들고 일어나 국민의 인권을 유린하고 자유를 억압하던 무바라크 정권을 몰락시켰다.

그 여파는 곧바로 이웃 리비아로 옮아가 40년 독재의 카다피와 전쟁을 방불케 하는 내전 양상으로 치달리고 있다. 민주화 운동이 이렇게 들불 번지듯 중동과 아프리카 대륙을 뜨겁게 달구며 중국에도 착륙하는가 싶었다. 하지만 아직 미미할 뿐이다.

더러는 트위터, 페이스북 등 인터넷이 재스민혁명의 위력적인 확산 역할을 했던 만큼 중국은 구조상 어렵다고 한다. 검열 프로그램을 가동하여 철저하게 인터넷을 통제하고 신문 등 언론의 보도자유를 용납하지 않으므로 튀지니나 이집트와는 사정이 다르다는 이야기다. 거기다 1인 독재가 아니라 정치협상회의 같은 의결기구를 거쳐 모든 문제를 결정하므로 엄밀히 따져 중동의 독재와도 다르다고 한다. 하지만 중국공산당의 62년간의 일당독재체제에 대한 반발이 전혀 없을 수가 있는가.

중공의 관리들은 '혁명'이 아닌 '동란'으로 표현하며 요즘 재스민 향기를 막겠다고 감시기구를 설치하는 등 분주하다. 많은 사람이 모이는 것을 엄격히 제한하고 퍼져나가는 향기를 가두려고 고군분투하지만 그들인들 어찌 영원할 수 있으랴. 모든 역사가 그랬듯이 쓰나미처럼 도도히 몰려오는 물의 흐름을 막을 것인가.

그동안의 크고 작은 유혈사태로 흘린 피의 값을 어떻게 셈할 것인가. 천안문 사태, 파룬궁 탄압, 티베트, 위구르 독립운동에 대한 무자비한 탄압을 돌아볼 때 이번에도 그리 녹록한 일이 아님을 안다. 그러나 꽃향기를 가둘 수 없듯이 조금씩 조금씩 퍼지는 여론의 힘을 어찌 막으랴. 근본적인 문제를 알기에 중국정부에서도 우려를 하는 것이리라.

나는 그렇게 강건하던 소련을 기억한다. 역사를 거스를 수 없듯 굳건하던 소비에트연맹도 무너지지 않았는가. 중국에서도 소련의 해체에 준하는 사건이 언젠가는 생기리라 굳게 믿는다. 그리하여 티베트와 위구르, 만주를 비롯한 지역의 소수민족의 독립, 그것은 필연일 것이다.

향기가 넘지 못할 국경이 있는가. 바람만 있으면 될 일을…. 매년 봄이면 중국에서 한반도를 넘어 황사가 불청객으로 찾아왔지만 이번에는 재스민 향기가 대동강을 넘을 것이다. 그리하여 동토의 땅을 녹이리라.

그 향기가 극에 달할 정도의 식량난을 겪고 있는 북한으로 스며들면 아무리 굳건한 공산당도 붕괴하리라. 인민에게 골수에 사무치게 주체사상을 주입했지만 먹고 사는 기본적인 문제 해결이 되지 않으면 그 불만의 잠재적인 폭발력을 무시할 수는 없을 것이므로.

(2011)

어둠이 지나면

새해 첫날 아침이면 나는 매번 희망을 꿈꾼다. 새해라고 특별한 것은 아니다. 어찌 보면 어제 와 별다를 바 없지만 상징성만은 대단하다. 그래서 많은 이들이 1월 1일 일출을 맞이하러 먼 길 마다않고 달려가는 것 같다. 특히 올해는 60년 만에 돌아온 흑룡의 해였다. 그러니 신년 벽두부터 다른 어느 해보다 더 행운을 기대했다. 하지만 그 기대는 오래지 않아 '역시나'로 끝났다.

이제 한 해의 끄트머리에서 돌아보니 다사다난이란 말이 정말 실감난다. 하고많은 사람들이 어우러진 세상살이가 어찌 평온하기만을 바라겠는가마는, 연초부터 시작된 대형사건 사고들로 인해 이제는 어지간한 일에는 감각이 무디어진 것 같다. 초특급 태풍을 비롯한 자연재해, 충분히 예견되었던 인재, 사회적 요인이 크다는 묻지마 살인, 위험천만한 위조부품 원전, 서민들은 상상도 못할 월급을 받으면서도 헛헛하여 돈 잡숫는 검사님 등등 굵직한 사건들이 헤아릴 수 없을 정도로 많았다. 자고나면 사건으로 도배된 신문은 들여다보기가 두려울 지경이었다. 이런 판국에 대통령선거까지 겹쳐 더 어수선한 형국이다. 정책 대결이 아닌 논쟁이 판을 치고 머리싸움이 분분하여 도대체 정신을 차릴 수가 없다.

하지만 오늘 아침 신문을 보며 나는 우리나라가 좋은 나라임을 실감한다. '전면 무상의료 실현, 초종교적 헌금과 종교세로 하나님 아래 한가족 실현, 지상 천국과 복지국가의 인과적 통합, 청소 노동자 안식제 도입, 학비 걱정 없는 사회, 경쟁 없는 사회, 핵무기, 전쟁, 제국주의 없는 세상, 노인 연금 2배 지급' 등등. 대통령 예비후보들의 공약만 보면 그야말로 대한민국은 천국이지 싶다. 몇 식구 안 되는 가정의 살림살이에서도 수입에 맞추어 나름대로 씀씀이를 정한다. 하물며 한 나라의 살림을 꾸리겠다고 나선 분들이니 당연한 그 이치를 모를 리 없다. 그런데 소시민이 봐도 헛웃음을 치게 하니 웬일인지 모르겠다.

동료문인들과 백령도를 다녀왔다. 10여 년 전부터 벼르고 별

렀지만 번번이 불발되었던 백령도행이었다. 이번 기회를 놓치면 또 언제 가볼 수 있으려나 싶어 풍랑주의보가 미처 걷히지 않았는데 용기를 내었다. 그 며칠째 풍랑으로 인해 배가 뜨지 못했던 탓으로 2,400톤급의 배는 654석이 모두 만석이었다. 그중 절반은 해병대 군인들이었다.

서서히 배가 출항할 때만 해도 걱정 반 기대 반이었다. 한데 얼마 지나지 않아 나는 후회를 했다. 육중한 배가 출렁이기 시작했던 것이다. 큰 배라 한들 높은 파도를 어찌 당해내랴. 배가 춤을 추기 시작하자 이내 여기저기서 토악질 소리가 요란하였다. 상상을 초월하는 광경에 나는 아연하였다. 미리 뱃멀미약을 챙겨 먹었는데도 고통스럽기는 마찬가지였다.

4시간의 항해 끝에 배는 간신히 백령도에 도착했지만 일행들은 모두 초주검이 되었다. 함께 탔던 군인들에게도 뱃멀미가 아주 비켜가지는 않았을 텐데 그들은 섬에 닿자마자 씩씩한 행보로 앞서 갔다. 급히 자대로 복귀하는 걸음임이 분명했다. 우리는 단 한 번의 방문에 이토록 기진맥진인데 파도에 맞서며 묵묵히 나라의 부름에 응하는 모습이 감동으로 다가왔다. 바로 그때 아이돌 스타로 인기가 하늘로 치솟던 '현빈'이 이곳에 자진 입대하던 모습이 떠올랐다. 그렇다. 아무리 세대 간의 소통 단절 등을 들어 우려를 하지만, 이런 우국충정의 젊은이들이 있기에 대한민국의 앞날은 결단코 어둡지만 않은 것이다.

그들이 멀어져간 뒤편 저 너머로 북한땅이 보였다. 장산곶이 손 뻗으면 잡힐 듯하다. 바로 코앞에 북한의 승낙을 받고 조업을 한다는 중국어선들이 북방한계선 근처에서 눈엣가시처럼 맴돌았다.

천안함 사건으로 희생된 46용사의 탑 앞에서 나는 많이 미안했다. 비록 몸은 산화되었지만 그들의 꺼지지 않는 정신을 상징하는 '영원의 불'은 계속 타오르고 있었다. 피눈물 흘리고 있을 그들의 가족이 떠올랐다. 나도 직업군인의 길을 걷고 있는 아들을 둔 어미다. 지금 내 아들이 멀쩡하다고 남의 일일 수만은 없음이다.

또한 우리의 바다를 지키다 서해교전으로 생때같은 자식을 잃은 그 부모의 아픔을 누가 함부로 말할 수 있는가. 그 어떤 보상도 죽은 아들을 대신하지는 못할 것이다. 가슴에 자식을 묻은 어미를 우리는 참으로 홀대했다고 여긴다. 바로 그 해 그때가 지금도 생생하다. 교통사고를 당한 소녀들은 열사대접을 받는데, 정작 나라를 위해 최전선에서 목숨 바친 이들은 위로받기는커녕 소외된 듯한 느낌이었다.

아프칸에서 전사한 미군의 유해가 본국에 도착하던 날 새벽, 오바마 대통령이 공항에 직접 나가 정중한 경례로 맞이하는 정경과는 대조적이었다. 자식을 잃은 어미를 조금이라도 위로할 수 있는 것은 보상금이 아닌 진정성어린 애도이다. 국방의 의무를 지다 청춘을 꽃 피우지도 못하고 산화해간 젊은이들을 잊지 말았으면 한다.

그러고 보니 올해는 우리 가족에게도 몇 가지 사건이 있었다. 어느 날 딸에게서 걸려온 전화는 마른하늘에 날벼락이었다. 딸은 아홉 살과 세 살짜리 두 아들을 키우는 전업주부이다. 그런데 큰아이가 머리를 다쳤다고 했다. 살고 있는 곳의 병원에서 치료가 안 되어 앰뷸런스로 부산의 대학병원으로 이송중이라고 하였다. 얼마나 위중하면 다른 병원으로, 그것도 시간을 다투면서 이송하는가 싶어 무릎이 꺾이고 정신이 아뜩해졌다. 제 어미가 옆에 있는데도 눈 깜짝할 사이에 벌어진 일이란다.

부모가 일을 가지고 있지만 경제적인 이유로 아이를 맡길 데가 없어 집에 혼자 있는 아이가 97만 명에 달한다고 한다. 그러니 대부분의 아이들이 위험에 노출되어 있다고 해도 과언이 아닐 것이다.

지난달 파주에서 난 화재도 그랬다. 아버지는 퇴근 전이었고 엄마는 사글세방을 얻으려고 외출 중이었다. 불은 곧 진압되었지만 남매는 연기에 질식해 의식을 잃은 상태였다. 그런데 더

우리를 애달프게 한 것은 뇌성마비 1급 중증장애 남동생을 제 몸처럼 보살피던 누나의 죽음이었다. 맞벌이를 하는 부모 대신 동생의 손과 발이 되어주고 대소변 처리까지 도맡아 극진히 보살피던 누나였다. 누나가 그토록 아끼던 동생도 아직 혼수상태에서 깨어나지 못하고 있으니 안타까운 일이다.

두 번째는 이런저런 과정을 겪으며 우리도 다문화가정의 대열에 끼게 된 일이다. 아들이 국제결혼을 하겠다고 할 때 나는 적잖이 당혹스러웠다. 내 말을 거스른 적이 없는 아들이 그날따라 단호했다. 2년여를 고민한 결과란다. 작심을 단단히 한 양 그 이유도 한두 가지가 아니다. 나는 할 말을 잃었다. 그래도 일말의 미련을 버리지 못해 2세를 생각해서, 가족끼리의 언어소통 문제 등등을 열거하며 시간을 끌어보았지만 아들의 결심은 흔들리지 않았다. 아니, 아들의 말대로 이 땅의 며느리를 보기에는 걸림돌이 너무 많았다.

우여곡절 끝에 베트남 며느리가 가족이 되었다. 만국 공통어가 보디랭귀지라 하지 않는가. 우선 당장은 크게 불편하지 않았다. 시간이 흐르면서 서서히 의사소통의 원활함이 얼마나 큰 부분을 차지하는지 깨달았다. 일상에서 꼭 필요한 전달사항은 그럭저럭 소통이 되지만 어찌 전달만 하고 사는가. 서로 속내를 전해야 하고 더구나 문화도 다르니. 하지만 조금씩 서로를 인정해가다 보면 서로 이심전심이 될 날이 있으리라 여긴다.

사람살이에 국가나 가정이나 크고 작은 일들이 있기 마련이다. 하지만 상식선에서 이해할 일들만 있었으면 한다. 그것이 어수선한 한 해를 보내면서도 또 다른 희망을 품을 수 있는 씨앗이 되면 좋겠다. 어둠이 지나면 밝음이 찾아들듯이 '2013년의 새해에는…' 하는 작은 기대를 다시 한 번 가져본다.

이제 소중한 한 표를 행사할 날이 다가온다. 나는 우리 대한민국의 근간인 자유민주주의가 흔들리지 않는 선에서 아주 조금씩 앞으로 나가는데 길잡이가 될 그런 대통령을 후보 가운데서 가려내려고 지금 고심 중이다. (2012)

아! 대한민국

남아공 더반에서 동계올림픽 개최지 선정을 위한 소식이 속속 전해지는 동안의 시간은 길기만 했다. 한여름 밤의 열기와 더불어 조마조마한 마음을 애써 가라앉히느라 힘들었다. 그 심정은 현지에 가있는 사람이나 지켜보는 국민이나 한결 같았을 것이다.

자정 무렵 드디어 자크 로게 국제올림픽위원회 위원장이 'PYEONGCHANG 2018'이라고 쓴 카드를 보이는 순간의 환호성은 지구를 한 바퀴 돌며 메아리쳤다.

그동안 유치를 위해 지구를 몇 십 바퀴씩 돌며 발로 뛴 이들이 서로 얼싸안고 눈시울을 적셨다. 이를 지켜보는 내내 대한민국의 한 아녀자인 내 가슴에도 와락 뜨거움이 물결쳤다. "제가 이 자리에 세 번째 선 것은 운명이라고 믿습니다!"라며 북받치는 감정을 누르느라 잠시 연설을 중단했던 김진선 특임대사의 말처럼, 두 번의 실패에도 좌절하지 않은 평창 군민뿐 아니라 온 국민이 한 마음으로 이룬 쾌거였다. 이로서 대한민국은 '하계올림픽, 월드컵축구, 세계육상선수권, 동계올림픽을 초치하여 세계에서 다섯 번째 '스포츠 그랜드슬램'을 달성한 나라가 되었다.

군더더기 없이 간결하면서도 호소력 있는 프리젠테이션은 감동 그 자체였다. 나승연 유치위 대변인, 조양호 유치위원장, 이명박 대통령, 김진선 특임대사, '피겨여왕' 김연아, 한국계 미국 스키선수 토비 도슨 중 누구 한 사람 빠지지 않는 그 나름의 특색으로 지지를 호소하는 모습이었다.

김연아는 올림픽 챔피언 특유의 자신감 넘치는 자세와 매력적인 제스처로 좌중을 사로잡았다. 그녀는 정부의 드림프로그램으로 인한 지원 덕분에 이룩한 밴쿠버올림픽에서의 쾌거를 예로 들었다. 10년 전 평창이 동계올림픽 유치를 꿈꾸기 시작했을 때 올림픽 드림을 꿈꾸는 작은 소녀에 불과했지만 한국정부가 동계 스포츠 수준을 높이기 위해 쏟아 부은 노력의 결과물이 자신임을 강조했다. '내가 그러했듯 성공과 성취의 가능성을 세계 젊은이들이 누릴 수 있길 바란다'에서 그녀의 말은 절정을 이루었다.

하지만 김연아뿐 아니라 한 사람 한 사람 어느 누구도 그에 뒤지지 않는 진정어린 표현이었다고 나는 생각한다. 비록 프리젠터로 나서지는 않았지만 드러나지 않는 곳에서 묵묵히 일한 사람들을 포함한 모두의 눈물과 땀이 이룩해낸 결과였다.

1988년 하계올림픽 이후 30년 만에 유치한 동계올림픽이고 아시아에서는 일본 다음으로 두 번째의 일이니, 다음날 신문에 대서특필할만한 일이었다.

'생산효과 20조' '월드컵의 2배….' '평창, 위대한 승리' 등등.

대한민국의 국가브랜드가 상상 못할 만큼 높아진다는 것은 어쩌면 우리 소시민들의 피부에는 직접 와 닿지 않는 일일 수도 있다. 하지만 나는 평창에 살고 있는 지인으로 인해 지난 두 번의 실패가 얼마나 참담했는지를 잘 알고 있다. 2014년 동계올림픽 개최지가 러시아 소치로 확정되는 순간 목에 건 붉은색 수건에 얼굴을 파묻은 채 대성통곡하던 유치위원 안정현의 모습이 바로 그의 마음이었던 것이다.

그는 이 사업 저 사업 실패를 거듭하다 겨우 그 몇 년 전에 자신의 고향, 부모님이 계신 곳으로 낙향을 한 터였다. 감자를 심고 배추를 열심히 가꾸어도 아무런 비전이 없어 보였다. 그런데 우리나라에서 제일 개발이 안 된 오지인 그곳에 실낱같은 희망이 비치는 듯했다. 척박한 그곳에 처음으로 동계올림픽 유치의 뜻을 밝힌 도지사의 말은 바로 그의 꿈이기도 했다.

앞뒤 분간할 겨를도 없이 마지막이라는 심정으로 그는 빚을 내어 펜션을 지었던 것이다. 그러니 준비가 미흡한 2010년 올림픽 유치는 그렇다손 치더라도 2014년에는 하고 한 가닥 희망을 걸고 있던 참이었다. 그런데 결과는 참담했다. 그것도 역전패라니. 자살이라도 하고 싶은 심정인데 늙으신 부모님 얼굴을 뵈면 이러지도 저러지도 못한다고 한 게 바로 4년 전이었다.

물론 발 빠른 사람들이 시골마을 어수룩한 농부들의 땅을 싸게 사들여 투기를 하는 등 부작용도 있다. 하지만 이제라도 그 땅에서 나고 자란 사람들은 대한민국에서 가장 낙후된 곳이란 멍에를 벗고 어깨를 좀 펼 수 있었으면 한다. 개발은 자연훼손이 따르기 마련이다. 이를 얼마나 최소화 하느냐가 문제일 것이다. 이 또한 무분별한 생태계 파괴가 되지 않도록 자연친화적인 노력을 해야 한다는 소리도 나오고 있으니 잘 되리라 믿는다.

평창의 감동을 그대로 이어가기 위해서는 유치에 정성을 들인 만큼 그 준비에도 공을 들여 세계인들에게 긍정적인 이미지와 더불어 대한민국을 확실하게 심어줘야 한다. 그러기 위해선 8월에 열리는 대구 세계육상선수권 대회부터 성공적으로 치러야 할 것이다. 전 세계 65억 명이 열광하는데 정작 우리나라 사람 중에는 대구에서 큰 대회가 열리는 것을 모르는 경우도 있다니 난감한 일이 아닐 수 없다.

이번에 우리에게 표를 주었던 국제올림픽위원회(IOC) 위원들이 대구 세계육상선수권 대회에도 방한한다고 한다. 우선 코앞에 닥친 육상선수권 대회의 스타디움부터 채워야 한다. 그렇지 않으면 '평창 스탠드를 가득 채우겠다'는 약속에 의구심을 가질지도 모른다는 나승연 유치위 대변인의 말에 일리가 있다. 동계올림픽을 유치하기 위해 막판까지 접전을 벌였던 독일로부터 지난겨울 우리나라에서 열린 '국제스키대회'에 관객이 없었음을 공격 받지 않았던가.

하여튼 평창이 처음 동계올림픽을 유치하겠다고 나섰을 때만 해도 외신 기자들조차 '평창'을 '평양'으로 칭하는 경우가 있을 정도였다. 그러고 10여 년, 이제는 대한민국의 작은 마을인 평창이 세계인의 뇌리에 각인되었다.

동계올림픽의 뜨거운 열기와 흥분이 채 가라앉기도 전인 어제는 66년 전통과 최고의 권위를 자랑하는 US여자오픈에서 우승한 유소연 선수의 소식이 전해졌다. 서희경와 나란히 우승과 준우승을 차지함으로써 US여자오픈 사상 한국선수끼리 연장전을 치른 것도, 나란히 1, 2위를 석권한 것은 처음 있는 일이었다.

이로써 유소연은 박세리, 김주연, 박인비, 지은희에 이어 역대 다섯 번째 한국인 우승자로 이름을 올렸다. 대한민국의 낭자들이 무섭다는 말은 세계 각국의 골퍼들 사이에서 공공연히 흘러나오던 이야기였다. 일일이 거론하지 않더라도, 대한민국의 아들딸들은 이제 세계 속에 우뚝 섰다.

그뿐만이 아니다. 지난해에 주요 20개국(G20) 서울정상 회의를 무역센터에서 성공리에 마무리 지어 또 다른 위상을 보여주지 않았는가. 올 11월에는 부산에서 세계개발원조 총회까지 열린다.

6·25전쟁으로 폐허가 된 우리를 돕기 위해 전 세계의 구호물품이 도착하던 부산항은 그동안 눈부신 발전을 했다. 실로 반세기 만에 원조를 받던 나라에서 도움을 주는 나라에 이름을 올렸으니 격세지감이 아닐 수 없다.

작년 이맘때쯤 나는 6·25전쟁 참전용사였던 파란 눈의 할아버지 이야기를 우연히 읽었다. 내용이 이랬다. 그는 아주 오랫동안 악몽에 시달렸다고 했다. 그가 총을 쏜 전쟁이, 또래의 청년들을 죽고 죽이던 그 전쟁이 과연 옳은 일이었던가. 전장에서 죽어가던 그 눈빛이 지워지지 않고 따라붙어 긴 세월 고통스러웠다고….

그런데 60여년 만에 찾은 대한민국은 그에 대한 답을 주었던 것이다. 아직도 그의 기억 속에는 가난했던 광경뿐인데 다시 찾은 대한민국은 상상을 초월할 정도로 발전해 있었다. 그것은 자신을 포함한 참전용사들의 노력이 결코 헛되지 않았음을 확인하는 일이기도 하니 이제는 홀가분하게 악몽을 떨쳐버릴 수 있게 되었다는 요지였다.

더러는 비판의 목소리도 높지만 부인할 수 없는 것은 세계 속의 대한민국이다. 멀지도 않은 시대에 가난하던 아시아 변방의 작은 나라가 경제부국들 사이에 끼어서 위풍당당할 수 있는 것만으로도 자부심을 가질 일이다.

자존심 강한 프랑스 여인들이 한국 가수의 이름을 외치며 K팝을 부르는 정경을 언제 꿈엔들 상상할 수 있었는가. 아! 대한민국이다.

(2011)

커튼콜 어떠세요?

얼마 전 글쓰기 모임에서였다. 보통 한 달에 한 번 모여 합평을 하고 담소를 나누는데 이날은 모임의 취지는 잊어버리고 시작부터 정치판의 성토장이 된 듯한 느낌이었다.

우리는 정치하고는 거리가 먼 민초들이다. 모두에게 자신이 잘할 수 있는 전문영역이 있듯이 우리는 낮은 자리에서 맡은 바 일만 잘하면 되고 정치는 전문정치인들에게 맡기면 된다. 한데 그냥 보고 있기에는 요즘의 세상 돌아가는 모양새가 눈꼴사납다고 아우성이었다.

이구동성으로 말하던 그날의 요지는 몇 가지로 요약할 수 있다.

첫째, '정당과 계파에 연연하지 말고 국익과 민생을 우선하자.'였다. 마침 그 전날은 국회법이 정한 개원(開院)일인데 많은 수의 의원님들이 전혀 등청할 의사가 없는 듯해서 더 그랬다. 지난 4월에 총선을 치를 때만해도 이번 제19대 국회는 조금 다르지 않을까 내심 기대를 했다. 하여 한 표의 향방에 나름의 신중을 기했다고 생각한다. 투표권자들이 자신이 선택한 사람이 나라를 위한 일에 공명정대하게 임해 주길 바랐음은 꼭 설명하지 않아도 알 수 있는 일이다.

하지만 투표가 끝나자마자 시작된 이런 저런 일들로 시끄럽기 짝이 없더니 시급한 민생문제는 나 몰라라 하는 것만 같아 '이번 국회에서도 또?' 하는 불신감이 앞선 것은 비단 나만의 생각이 아니었다. 불과 얼마 전에 뽑은 많은 선량들이 다 어디로 갔는지 빈 의원석이 흉하게 눈길을 끄는 장면을 방송으로 보아서 더 그랬을 것이다. 참석한 의원들만이 뻘쭘하게 앉아있다 퇴장하는 모습을 보자고 그토록 심혈을 기울여 열심히 투표하여 자신들의 대표를 국회로 보낸 것이 아니지 않은가.

두 번째는 '월급 받는 만큼 법안 처리하자.'였다. 자본주의 세계에서 힘없는 서민들에게는 '무노동 무임금'이 칼날처럼 날카로운데 엊그제만 해도 허리를 굽혀 국민들의 보다 나은 생활을 위해 애쓰겠다고 한 양반들이 천금같은 세금을 공으로 고스란히 까먹고 있다니 통분할 일이 아닌가. 그들의 하루치 세비 등등이 5억 원이 훨씬 넘는다는데 다들 입을 다물지 못했다.

'꼬박꼬박 세비 챙기고 연금까지 챙기시는 분들 제발 밥값 좀 하자'였다.

아직 선진국만큼 연금제도가 정착되지 않은 우리에게 노후를 맞아 연금을 받으며 생활걱정 없는 사람은 선택받은 층이다. 의학의 발달 등으로 100세 시대를 맞았지만 그 선택받은 소수를 빼고는 안정된 노후생활이 시급한 상황이다. 죽자고 청소하고, 식당에서 허드렛일을 2~30여 년 해봤자 남는 것은 아픈 몸뚱이뿐이다. 도대체가 '한 번 해병은 영원한 해병'이란 말은 들어봤지만 '한 번 국회의원이 영원한 국회의원'이라서 착착 연금 챙기시는 줄은 미처 몰랐다는 소리다. 그것뿐인가. 특권이란 특권은 다 누리는 것 같다. 모쪼록 이 부분은 우리의 오해이길 바랄 뿐이다.

다음으로는 '떼쓰거나 추태부리지 말자.' 즉 누구랄 것 없이 국회에만 들어가면 싸움닭이 된다는 이야기였다. 물론 우리를 포함한 대다수의 국민들은 국회에서 일어나는 모든 일들을 다 들여다볼 수 없다. 그러므로 한 면만을 보고 전체인 양 오해하는 것일 수도 있겠지만 실제로 자질이 의심스러운 선량도 있으니 '선량'의 뜻을 곱씹어보자. '선량'의 국어사전적 의미는 "① 뛰어난 인물을 뽑음. 또는 그렇게 뽑힌 인물. ② '국회의원'의 별칭."이다. 그에 걸맞게 품위 좀 지켰으면….

넷째, 대한민국의 국회의원이면 대한민국의 법을 따라야 한다. 헌법을 지키지 않는 의원님들, 나아가 국회법조차 지키지 않는 의원님들, 국민의 목소리를 대변하지 않는 의원님들, 상식과 원칙이 지켜지지 않는 국회에서 정의와 진실이 통할 수 있는가. 일개 범부도 법을 지키지 않으면 그에 상응하는 처벌을 받는다. 하다못해 버스정류소에서 담배 한 개비 피워 물었다고 벌금을 내는 판인데 누구보다도 법을 지켜야할 의원님들의 이런저런 법을 어기는 행태를 제19대 국회에서는 지켜보지 않았으면 한다는 등등이었다. 어느 정도 하고 싶은 말을 다 쏟았는지 차차 소리가 잦아들 무렵 또 누군가가 불을 지폈다.

이번에는 막말파문으로 매스컴에 오르내리는 어느 의원님이 도마에 올랐다. 대한민국 현행법을 짓밟고 조롱하며 불법입북 평양축전에 참가하여 거대한 운동장의 카드섹션에 열광하며 눈물을 흘렸던 사람이 대한민국을 대표하는 국회의원이 되었다는 것이 참으로 아이러니하다는 이야기였다. 물론 20여 년의 세월이 그 모든 걸 색이 바래게 했는지는 모르지만…. 그 부분에서는 나도 할 말이 많았다. 내 아버지는 인민군으로 남쪽 땅을 밟았다가 거제도 포로수용소를 거쳐 죽을 고비를 넘기고 대한민국을 선택하였다. 오로지 자유를 택한 것은 자신의 의지에 의해서였지만 평생을 북에 두고 온 부모님을 그리워하며 피눈물을 흘렸다. 그런데도 당신이 몸소 겪은 주체사상에 전율하며 눈을 감을 때까지 너도나도 다녀오는 금강산관광조차 가지 않으셨다.

누군가가 목소리를 높였다.

"종북, 이념 싸움으로 더 이상 힘 빼지 말자. 북한을 찬양하는 자는 깡그리 그러모아 북으로 보내자."

물론 그 말이 대안이 될 수는 없다. 열불이 나니까, 우리끼리니까 한 말이었다.

그 외에도 '있는 자들에 비해 상대적으로 소외받고 외면당한 이들을 무시하거나 방관하지 말자.'는 등등 자신의 처지에 비겨서 하는 말들이 분분하였다. 감히 민초들이 높으신 선량들을 마냥 성토하듯 속 시원히 지껄이며 한바탕의 소동은 끝났지만 입맛이 쓰기만 하였다.

마침 며칠 뒤 어느 정당에서 쇄신방안을 내놓은 게 눈길을 끌었다. 구체적으로 내놓은 여섯 가지의 방안은 국민들의 뜻이 그날의 소동에서 나온 이야기와 다를 바 없음을, 그래서 그 뜻이 반영된 듯해 내심 반가웠다. 그중 몇 가지는 당장 의원님 자신들의 피부에 닿는 조항들을 수긍할까 하는 의구심이 들기는 했다. 예를 들면 '무노동 무임금' '개원 지연 시 지연 일수에 비례하여 세비 반납, 의정활동 불가능한 기간 동안 세비 반납,

예산안 법정기일 내 통과 실패 시 지연 일수에 비례하여 세비 반납 등 국회법 개정 및 준수 선언 등등…. 어쨌든 발 빠른 대처 방안 같았다. 그런데 그야말로 이것이 효력을 발휘할지는 두고 봐야 할 일이다.

나는 중국의 고사에 나오는 농부가 부럽다. 아주 오래전 책에서 본 내용으로 기억은 희미하지만 내용이 대충 이랬던 것 같다.

옛날에 어느 임금이 자신이 나라를 얼마나 잘 다스리는지 알아볼 겸 한 신하를 데리고 잠행을 나섰다. 마침 밭일을 하고 있는 농부를 만났다. 신하는 농부에게 이 나라의 임금님이 누구신지 아느냐고 물었다. 당연한 대답을 기대하면서…. 그런데 농부의 대답이 상상 밖이었다. 자신은 봄이면 밭 갈고 때맞춰 씨 뿌리고 가을 맞아 추수 하면 되지 나랏일은 윗사람의 일이니 구태여 임금님이 누군지 몰라도 된다고. 신하는 근심걱정 없이 살도록 해준 성군의 존함도 모르는 배은망덕한 인간이라고 당장 물고를 낼듯이 달려들었다. 옆에서 이 모습을 지켜보던 임금이 한마디 했다.

"그냥 두어라. 태평성대를 구가한다는 뜻이니라."

물론 첨단 IT시대에 고릿적 이야기가 가당키나 하겠는가마는 그래도 못내 그 농부가 부럽다. 전문정치인들이 나랏일을 어련히 알아서 할까마는 우리 같은 문외한이 끼어들어 이러쿵저러쿵 할 빌미를 제공하지 않았으면 하기 때문이다.

이번 국회도 시작은 좀 실망스러웠지만 지금부터라도 이름값하는 선량들의 마당이 되었으면 한다.

연극이나 음악회의 막이 내린 뒤 감동의 여운이 가시지 않으면 관객은 우레 같은 박수로 커튼콜을 한다. 요즘은 커튼콜의 장소가 한정되어 있지 않은 것 같다. 몇 년 전 다저 스타디움에서 한국 야구대표팀의 김태균 선수가 베네수엘라와의 WBC 준결승전에서 홈런을 치고 '커튼콜'을 받은 것은 한동안 기분 좋은 일로 기억된다. 이번 국회의 임기가 끝나는 날 의원님 모두가 빠짐없이 커튼콜을 받았으면 하는 바람이라면 너무 과한 욕심일런가.

의원님, 커튼콜 어떠세요? (2012)

울고 또 울고

요 며칠 남북 이산가족 상봉으로 매스컴이 연일 분주했다. 상봉장인 금강산호텔은 3백여 명이 서로의 가족을 얼싸안고 울음을 쏟아내어 눈물바다를 이루었다. 사연도 가지가지, 모두가 장편소설을 쓰고도 남을 만큼의 한을 가슴에 담고 있었다.

1·4후퇴 때 남으로 내려온 아버지가 북에 남겨두었던 딸을 부둥켜안고 울고, 태어난 줄도 모르고 지낸 초로의 아들을 그 아버지가 난생처음 얼싸안고 울고, 지난 세월을 뒤로한 채 자매가 붙들고 울고…, 상봉 직전에 돌아가신 어머니를 영정사진으로 만난 딸이 어깨를 들썩이며 흐느끼고, 긴 이별, 짧은 만남이 아쉬워 두 손을 맞잡고 울고 또 울고….

평생 자식을 버렸다는 죄책감에 시달려 온 아버지는 천신만고 끝에 얻은 만남의 기회를 놓치지 않으려고 구급차를 타고 상봉장에 도착해 보는 이들을 안타깝게 했다. 그것은 절박함 그 자체였다. 지금 만나지 못하면 살아생전 못 볼 것임을 알기에 마지막 유언하는 심정으로 북의 아들에게 가망 없는 부탁을 한다.

'나 죽거든 유골을 북의 선산에 뿌려달라.'고….

이제 실향민들에게는 세상의 시간이 얼마 남지 않았다. 언제 눈 감을지 모르는 자신의 처지를 누구보다 더 잘 알기에 누구랄 것 없이 간신히 닿은 만남의 기회를 포기할 수 없는 것이다.

60여 년을 기다려 고작 2박 3일 일정에 단 11시간의 만남은 아쉽다는 말로 표현할 정도가 아니다. 세월이 좋아져 세계 어느 곳이라도 마음만 먹으면 자유로이 오갈 수 있는데 내 핏줄을 마음대로 못 만나고, 내가 자란 고향 땅을 마음대로 오갈 수 없다니 이런 비극이 세상 어디에 또 있으랴. 그래서 더 애달프고 가슴이 미어진다.

죽기 전에 단 한 번일망정 상봉의 꿈을 이룬 이들은 아직도 하염없이 기다리는 더 많은 이들에 비하면 그나마 낫다고 할 수 있으려나. 상봉 모습을 지켜보는 내내 나는 참으로 착잡한 심경이었다. 목이 빠지도록 기다린 신청자 가운데 절반가량이 그토록 그리던 부모님을, 고향을 끝내 보지 못하고 세상을 떠났고 지금도 끊임없이 한 많은 세상을 등지고 있다. 그 속에는 내 아버지도 포함되어 있다.

어느 신문에서 읽은 글이 생각난다. 전쟁에서 죽은 줄만 알았던 아들이 포로송환 때 돌아가지 않고 미국으로 건너가 살다 30여 년 만에 고향방문을 했는데 어머니가 그 아들을 붙들고 "죽는 게 나았다"며 통곡했다는 것이다. 그동안 미제를 몰아내기 위해 몸 바친 전사자로 처리되어 남은 가족들이 '혁명열사'로 우대받았는데 '반역자'임이 밝혀졌으니 그랬다는 이야기였다.

이번 상봉에는 인민군 포로출신 두 분이 포함되었다. 이분들의 가족도 열사증(유공자 증명서)을 받고 국가적인 갖가지 우대를 받았다지 않는가.

덩달아 울고 또 울며 만남의 장면을 바라보는 심경을 칼날 같은 바람이 헤집고 다닌다. (2015)

4.

풍경과 사람

지난여름 새로운 대장으로 등극하던 날의 위풍이는 정말 볼만 했답니다. 며느리발톱을 송곳처럼 세워 자신의 덩치보다 큰 검정 토종닭을 일격에 제압하던 그 당당한 품새는 아마 한동안 눈에 선할 것입니다. 누군가의 성공은 또 다른 누군가를 딛고 서야 함도 그날 눈치 챘습니다.

죽고 사는 일

이별 뒤의 만남

내리쏟듯 퍼붓던 비가 잠잠해졌습니다. 창을 열자 낯선 소리가 들립니다. 여러 가지의 소리가 섞여서 나는군요. 낮게 휘파람을 불자 이내 사위는 조용해집니다. 이런 새벽이면 전선주가 실어다 나르는 소식조차도 엿들을 수 있을 것 같습니다.

주변의 풍광은 받은 만큼 다시 돌려주기 위해 분주합니다. 골짜기마다 자욱한 안개가 하늘을 향해 솟구치고 있네요. 한 점 욕심 없이 풀은 풀대로, 나무는 나무대로 필요한 만큼 잎사귀를 적시고 나머지는 자연으로 다시 환원시키려고 애쓰고 있습니다.

지난겨울 선머슴아의 삐죽삐죽 솟구친 머리털 같던 산이 어느새 신록이 더해져 다보록이 이발을 한 듯하더니 오늘 아침에는 잘 빗어 넘겨 반지르르하니 동백기름을 바른 모양새입니다.

봄을 지나며 풍경화의 식구가 꽤 늘었답니다. 은계와 금계, 백한까지 알을 품느라 분주하였지요. 긴꼬리꿩은 주인장의 부화기 도움을 받아 아홉 마리의 꺼병이를 보태기도 했답니다. 봄이면 식구가 느는 것은 당연한 일이지만 올해는 희비가 엇갈렸습니다.

긴긴 추위를 견디지 못해 얼어 죽은 포르쉐 한 쌍, 수명을 다한 토끼로 인해 한동안 마음이 무거웠는데 해동 기미가 보이자 주인장은 한시름 놓는 눈치였지요. 그런데 어느 날 윗꽁지덮깃을 손바닥만큼 펼쳐 어여쁨을 한껏 자랑하던 백공작 새끼 한 마리가 속절없이 숨을 놓았지요. 주인장이 겨우내 공을 들인 보람도 없이 말이에요. 너무나 뜻밖의 상황에 그 서운함은 이루 말할 수 없었답니다.

이별의 아픔을 치유하려면 또 다른 사랑에 몰두할 수밖에 달리 방도가 없는지도 모릅니다. 허전한 마음을 달래기 위해 S선생님의 발길이 모란시장 쪽으로 잦더니 맞춤한 녀석들을 입양하게 되었답니다.

갈색 털에 하얀 머리띠까지 두른 토끼는 선생님과 근 보름간의 동숙으로 정이 듬뿍 들었지요. '깽이'라 이름 지은 토끼에 노란 솜털 보송한 거위, 어른 주먹만한 칠면조 새끼 네 마리를 싣고 풍경화로 향하던 날은 차가 제법 묵직했답니다. 주인장이 감당해야할 먹잇감 마련과 수발의 노고는 생각지 않고 자꾸 일을 저지르는 S선생님은 개구쟁이 악동처럼 신이 났답니다.

참 인연인가 봅니다. 주인장을 보자마자 거위는 제 어미를 만난 양 왝왝 소리내며 뒤뚱거리는 걸음걸이로 그 짧은 보폭이 찢어져라 바빴으니 말입니다. 하도 귀찮게 발길에 차이며 따라다니는 통에 주인장이 장화에서 몸만 빼내어 맨발로 일을 봐야 할 지경이 되었답니다. 물론 녀석은 감쪽같이 속아 주인장의 장화에 코를 묻고 선잠에 들어 웃음을 자아내게 했지요.

서로 연결된 고리처럼 그렇게 죽음과 생성은 이어져 있음을 새삼 실감하는 계절입니다. 그런데도 여전히 나는 죽음 앞에 초연하지 못해 매양 가슴이 미어집니다.

당산나무

결국은 당산나무가 죽음을 맞았네요. 몰인정한 손길이 몸피에 난도질을 하고 말뚝을 박아 기어코 숨통을 끊었습니다. 흉물스런 몰골로 죽음을 맞았지만 그리 머지않은 우리의 기억 속

당산나무는 마을의 수호신이었지요. 마을 입구에 우뚝 서서 들고나는 잡신을 걸러주며 마을의 안녕을 책임져 주었음을 모르는 이가 있나요, 어디.

뿐인가요. 한여름이면 깊은 그늘을 만들어 뙤약볕에 더위 먹은 몸을 달래주기도 했잖아요. 천방지축으로 뛰놀다가 단내를 풍기며 넓게 드리운 그늘로 들어서면 참 시원하게 땀을 식혀주었지요. 그런데 이제 이곳 산골까지 파고든 문명은 그의 힘이 필요 없어졌다고 몰인정하게 내쳤네요. 그가 내준 넉넉한 품만큼은 아니더라도 그동안의 노고를 생각해 잠시 쉴 수 있게 그냥 그 자리에 두는 작은 아량을 베풀었다면 얼마나 좋을까요. 자신의 논에 그늘을 만든다고 일부러 죽이다니요. 살아있는 생명을 해코지한 잔인성에 전율이 입니다.

그래도 일말의 양심은 남았던 것일까요. 아니면 그도 이율배반적으로 성황나무의 주술성이 두려웠던 것일까요. 차마 베어내질 못하고 방치해 두어 더 황망합니다. 그곳을 지나칠 때마다 애써 외면하려고 해도 섬뜩한 느낌을 지울 수가 없습니다.

그가 그 자리에 한 톨의 씨앗으로 떨어져 서낭신이 되기까지의 눈물겨운 생존은 차치하고라도, 금줄을 치고 울긋불긋 천조각을 매달며 오로지 가족의 무탈함에 머리를 조아리던 어머니가 지금 우리 곁에서 늙어가고 있는데 고려장을 지내듯 생죽음을 만들다니요.

하지만, 그러고 보니 늙은 어미를 버리러가는 아들이 돌아갈 길을 잃을까봐 나뭇가지를 꺾어 표시를 하던 모정의 속내평처럼 당산나무 역시 죽어가면서도 마을의 안녕을 기원하지 않았을까 싶네요. 물기 말라 버썩거리는 가지를 여전히 흔들고 있는 것을 보면요. (2009)

한여름 밤의 편지

끈질긴 생명력 앞에서

고구마줄기 김치와 된장에 풋고추 찍어 늦은 점심을 먹습니다. 입맛도 나이를 드는가 싶네요. 인스턴트식품과 빵을 즐기던 때가 있었는데 이즈음은 노모의 입맛을 닮아갑니다. 아닙니다. 풀들과의 한바탕 전쟁을 치른 뒤라 더 꿀맛인지도 모릅니다.

올 여름은 비가 잦은 만큼 풀을 뽑는 일도 정신없이 바빴지요. 뽑을 만큼 뽑았다 싶어 안도하고 돌아와 일주일 뒤에 가보면 무성히 자라있는 풀의 그 끈질긴 생명력에 두 손을 들 지경이었습니다.

지난 초여름에는 어땠는지 아셔요. 도라지 씨앗을 뿌린 뒤

근 보름의 여정에서 돌아와 풍경화에 들렀더니 이 무슨 일입니까? 새싹은 간데없고 온통 푸서리로 변하여 아연했지요.

그나마 위로가 된 일은 작년 여름 내내 땀을 흘린 도라지가 종이접기를 한 것처럼 부풀더니 종모양의 청초한 꽃을 피운 것입니다. 흰색과 보라색이 적당히 섞인 꽃밭은 내심 뿌듯한 행복을 주었답니다. 이것도 나이 탓일까요? 장미의 화려함에 마음을 빼앗기던 시절을 지나 이제는 도라지꽃의 청순함에 끌리는 것은요.

뜨거운 햇볕에 외발로 선 나무들은 꼼짝없이 하늘바라기를 하지만 칡은 네 발로 기어 자신의 영역을 넓히기에 여념이 없습니다. 이 또한 얼마나 끈질긴 생명력인가요. 나무를 칭칭 동여매어 숨도 못 쉬게 하는 모양이 그악스럽기조차 하네요. 조금치의 틈도 보이지 않고 줄기를 뻗는 그 기세에 나도 모르게 슬그머니 목 언저리로 손이 갑니다. 덩달아 숨쉬기가 답답해지는 느낌이 들어서지요.

칡의 표적이 된 나무는 어느 날부터 시름시름 앓기 시작할 것입니다. 벌써 누런 잎을 떨어트리는 소나무는 생존전략에서 밀려날 모양새네요. 아직은 겨우 버티고 있는 갈참나무도 겨울이 어서 오기를 기다릴 것입니다. 야생의 모든 생명들에게 인고의 계절인 겨울이지만 이 나무에게는 몸을 조이던 억압에서 풀려나는 날이기 때문입니다. 추운 계절이 와서 칡 이파리가 힘을 잃고 시들어야 자유를 얻는 나무라니요.

낫을 찾아듭니다. 칡덩굴과 한바탕 실랑이를 할 참입니다. 따지고 보면 칡도 살아남기 위해 그토록 치열할 테지만 나는 당나귀 금순이를 위해, 또 갈참나무의 숨통을 틔워주기 위해 이리저리 얽혀 떨어지지 않으려 안간힘을 쓰는 덩굴을 매몰차게 거두려고 합니다. 아마도 자신의 죽음이 여러 생명을 살리는 길임에 끝내 그도 순연하리라 믿습니다. 헬 수 없이 많은 수의 생물들은 서로 얽히고설켜 이렇듯 순환을 하는 게 아니겠어요.

살별들의 축제

늦은 저녁을 먹고 산책길에 나섭니다. 어둠이 깊어야 빛이 더 찬란하듯 짙은 장막을 무대로 자연이 베푸는 불꽃 축제를 보기 위해서입니다. 한여름 밤을 수놓는 환상적인 반딧불이의 비행이 축제가 아니고 뭡니까.

오늘은 개울을 오른쪽에 끼고 서낭신이 있는 곳으로 갑니다. 죽음을 맞았지만 하늘을 향해 벌린 마른 팔을 아직도 거두지 못한 나무는 어둠 속에서 의연합니다. 짐작했던 대로 그 아래에 움직이는 별들의 축제가 한창입니다.

참, 오랜만에 만난 황홀한 정경에 흥분을 가라앉힐 수가 없습니다. 금방 동심으로 돌아갑니다. 호박꽃초롱에다 반딧불이 몇 마리를 가두어 등불을 밝혀 꿈을 키우던 그 시절을 기억하지요?

날아다니는 불빛을 보며 소원을 빌면 이루어진다지 않아요. 글쎄요, 세상의 때가 묻을 대로 묻었으니 뜻을 이룰는지 모르겠네요.

웬만한 곳이면 흔하디흔해서 개똥벌레란 별칭까지 얻었던 그를 언제부턴가 보기 힘들게 되었습니다. 무분별한 자연파괴가 원인임은 두말할 필요가 없지요. 그처럼 한여름밤을 서정적으로 만들어주던 반딧불이를 살리려고 어느 곳에서는 먹이 서식지를 천연기념물로 지정하기도 했다는군요. 참, 아이러니한 일입니다. 지천으로 볼 수 있던 것이 이토록 보물단지가 되다니요.

풍경화 주변의 반딧불이도 주인장이 홍천강의 다슬기를 잡아 개울에 넣어주는 등 공을 들인 결과입니다. 하지만 이곳도 언제까지 환경이 보존될지 모릅니다. 저수지에서 밤을 새운 낚시꾼들이 돌아간 자리에는 영락없이 쓰레기가 뒹굴고 있으니 말이에요.

어린 날의 추억이 살아가는 많은 날에 힘이 됨은 모두가 아는 사실이잖아요. 그런데 우리가 즐기던 것을 우리 손으로 망가뜨려 후손들에게 전달하지 못한대서야 어디 체면이 서겠어요.

여보세요. 거기, 당신, 내 말 맞지요. (2009)

이쁜이와 금순이

고라니와 참외서리

암고라니 이쁜이가 몇 달 만에 집으로 돌아왔다는 소식에 득달같이 풍경화로 달렸습니다. 설마하고 반신반의 하면서요. 웬걸요. 몇 달 전에 집을 나갔던 고라니가 틀림없습니다. 철없이 가출했다 돌아온 아이처럼 짠하고 반가웠습니다.

길을 잃지 않고 찾아온 게 기특하여 콩을 듬뿍 주며 나는 이쁜이에게 한 소리했지요.

"내가 뭐라고 했냐. 집 나가면 고생이지?"

지난여름 천둥과 번개가 번갈아 하늘을 어지럽히던 날이었답니다. 이쁜이가 어지간히 놀라 혼비백산 한 모양이었습니다.

수놈과 새끼는 진작 산으로 갔지만 꼼짝 않고 보금자리를 지키던 그가 천둥 앞에 평정심을 잃은 거지요. 놀라 날뛰다 자신도 모르게 우리를 넘은 모양이었습니다. 고라니는 천둥소리에 엄청 놀란다는 사실에 무심했던 것이지요.

자연으로 돌아가 잘 적응을 하면 그보다 더 좋은 일이 어디 있을까만 그의 부재는 참 서운했습니다. 한편으론 어쩜 그렇게 매몰차게 떠났나 싶어 배은망덕하게 느껴지던걸요.

그날 이후 몇 달째 먹이통만 빈집을 지키고 있었습니다. 한데 고라니가 거짓말처럼 제 살던 집을 찾아온 것입니다.

주인장이 그가 돌아오던 광경을 생생하게 전해줍니다. 겁도 없이 진돌이 앞에 얼쩡거리는 모습을 보고 자신의 눈을 의심했답니다. 마치 금방 외출했다가 돌아온 양 여유작작하더라는 거예요. 혹시 진돌이가 달려들까 조바심치는 주인장의 심정은 아랑곳없이 마당을 한 바퀴 돌아본 뒤 아무렇지 않게 제집으로 들어가더랍니다. 그런데 진돌이와 또 한 마리 개 바우는 이미 서로가 식솔임을 알아본 게 틀림없습니다. 짖기는커녕 꼬리까지 흔들었다니 말입니다.

고라니가 집을 나가고 난 뒤 낯익은 곳을 좋아하는 특성상 돌아오리라 여겨 나는 기다렸지요. 하지만 커다란 개 두 마리가 철통같이 지키고 있어 그의 길을 방해하지 않을까 우려했답니다. 더구나 시간이 흐른 요즘은 사실상 기대할 수 없는 상황이었지요.

그러고 보니 고라니에게 이실직고할 일이 생겼네요. 그 무렵 고라니 우리에는 어디서 묻어 왔는지 모를 참외 한 그루가 꽃을 피우고 있었답니다. 그가 집을 비운 사이 주인 없는 우리에서 따 먹은 참외 말이에요. 우리가 참외서리를 한 것은 아닐까요.

금순이의 참외밭

참외를 떠올리다보니 당나귀 금순이의 이야기를 하지 않을 수 없습니다.

무서리 내리기 바로 전날까지 금순이의 참외밭이 있었지요. 당나귀의 잠자리 근처 거름 좋은 곳에 참외씨앗 몇 알이 철늦게 자리를 잡았던가 봐요. 그래도 그렇지, 거기가 어디라고요. 씨앗이 실수한 거지요. 먹는 거라면 가리지 않는 금순이의 행동반경 안에 감히 뿌리를 내렸으니 필시 잘못된 착지였지요. 잎이 무성하기 전에 당나귀의 간식거리가 될 게 뻔했답니다.

그런데 웬걸요. 이리저리 덩굴을 뻗어 열매를 맺어도 제가 농사짓는 양 그것만은 오히려 밟을까봐 조심하는 품새였답니다. 보통 때의 먹새로 보아 그 참외에 입을 대지 않는 게 신기할 정도였답니다.

무서리 내린다는 소식에 주인장이 노랗게 익은 참외 다섯 개를 땄지요. 여주인은 같이 먹자고 할까봐 슬그머니 자리를 피하고 주인장, S선생님, 나 이렇게 셋이서 금순이가 농사지은 참외맛을 보았답니다.

국어사전에 '개똥참외'를 설명하면서 괄호 안에 '보통 참외보다 작고 맛이 없음'이라고 되어 있던데요. 국어사전을 편수하신 분, 무슨 말씀을 그리 하셨는지요. 맛이 참 좋았답니다. 물론 금순이도 자신의 수확물이니 당당히 먹었지요. 주인장이 따서 주니까 그때서야 입맛을 다시며 두 개나 달게 먹었답니다.

이 참외는 주인이 있을 때 따먹었으니 서리가 아님이 분명하지요?

제가 흥분해서 엉뚱한 소리를 했습니다. 지금 풍경화 인근은 여지없이 꽁꽁 얼어붙은 겨울나라입니다. 산과 들에서 스스로 먹이를 구해야 하는 짐승뿐만 아니라 이 집의 축생들에게도 겨울은 가장 혹독한 계절이지요. 하지만 겨울이 품고 있는 봄의 씨앗 때문에 생명 있는 모든 것들은 희망을 버리지 못하는 거지요. 우리 인간들만이 추우면 춥다, 더우면 덥다고 불평을 할 뿐.

(2009)

풍경화의 식솔들

쿡쿡이

어쩌면 좋아요. 한쪽 다리를 손처럼 들고 "안녕하세요" 하며 애교를 부리던 왕관앵무새 쿡쿡이가 주인장 아들의 등록금 마련을 위해 팔려갔다네요. 뱃사람들에게 공양미 삼백 석에 팔려간 심청이의 아버지 심봉사만큼은 아니더라도 나는 지금 가슴이 아픕니다.

그동안의 이런 저런 잦은 이별에 감정이 무뎌질 법도 한데 그렇지 못한 게 인지상정인 것 같습니다. 수명을 다한 이별이라면 체념이라도 하련만 얼마 안 되는 돈과 바꿔졌다니 더 짠합니다.

삼동의 눈보라 치는 날 꼼짝없이 휴게실에 갇혀있을 때면 심심찮게 쿡쿡이가 말동무를 해주었지요. 첫돌 맞은 아기마냥 서

툰 발음으로 말대꾸를 하기도, 뜬금없이 '깨갱깽깽' 혼쭐나는 강아지의 비명소리를 질러서 나를 놀래기도, 더러는 '딱딱다닥' 나무를 쪼는 딱따구리 흉내로 웃음을 자아내게도 했답니다. 제 눈으로 직접 딱따구리를 본 적이 없으면서 실제의 딱따구리와 똑 같은 포즈로 소리 내는 방법을 어찌 알았는지 미스터리였습니다. 뿐인가요. 어느 날은 낯선 길손에게 특유의 "안녕! 안녕하세요"를 연발하는 바람에 딴 일에 몰두해 있던 주인장이 손님이 든 걸 알아채기도 했지요.

근 한 달 뜻하지 않은 일로 발이 묶여있다 오늘에야 겨우 짬을 내어 풍경화에 갔더니 식구들이 눈에 띄게 줄어 깜짝 놀랐답니다. 쿡쿡이를 비롯해 꽃닭 종류인 위풍이와 당당이 내외, 실크오골계, 금계와 은계, 공작새 등이 보이지 않는 겁니다. 그 넓은 마당이 휑뎅그렁했지요.

'풍경화'는 홍천의 굴운저수지 깊숙이 숨어있답니다. 명색이 펜션이지만 일반 손님은 드물고 신출내기 군인 가족들이 첫 면회 와서 묵는 곳이랍니다. 풍경화의 식솔들에 비하여 주말에만 차는 방 다섯 개의 수입은 턱 없이 모자라지요. 여름이면 그나마 푸성귀라도 흔하니 걱정이 덜 하지만 긴 겨울은 혹독한 추위와 넉넉잖은 양식으로 인고의 계절입니다. 다른 곳보다 일찍 겨울이 들고, 느지막이 봄이 찾아오는 곳이기 때문입니다.

특히 올해는 그 어느 때보다도 더 힘든 겨울이었습니다. 지구촌 곳곳을 괴롭히던 신종플루가 유일한 수입에 영향을 끼친 것이지요. 몇 달 동안 계속된 야수교(제1야전수송교육대) 신병들의 외출금지령은 그들을 주 고객으로 삼는 근동의 상권에도 심각한 타격을 주었습니다.

다른 방법이 없었을 터입니다. 산 입에 거미줄 칠 수는 없는 일, 입을 줄일 수밖에.

어쩌다 만나는 내가 이렇게 심난한데 해질녘 물을 먹지 못하면 홰에 올라가지 못하는 그들 때문에 마음 놓고 외출도 못하던 주인장 심정이야 오죽하겠어요.

인간으로 태어나 사회를 어지럽히는 사람도 더러 있잖아요. 한 젊은이의 길에 보탬을 준 축생들은 그런 못난 인간보다 열 배 백배 낫잖아요. 그럼에도 불구하고 내가 해야 할 수 일이 고작 그들을 위한 기도뿐임에 부끄럽고 안타깝습니다.

위풍이와 당당이

위풍이는 닭장 문을 열면 제일 먼저 당나귀 우리를 향해 달려가는 놈이었습니다. 잿빛의 털에 기하학무늬를 가진 긴꼬리닭으로 여간한 빠르기가 아니었지요. 당나귀 발치에서 먹잇감을 구하려고 내달리는 폼이 얼마 전 동계올림픽에서 금메달을 딴 스피드 스케이트선수를 방불케 했답니다. 수놈이 달리면 암놈도 덩달아 뒤따르는데 우리는 이 두 놈에게 '위풍'이와 '당당'이란 별칭을 붙여주었지요.

추위를 견디지 못해 얼어 죽은 포르쉐 한 쌍과는 대조적으로 얼마나 위풍당당했는지 모른답니다. 눈을 덮는 털로 인해 먹이를 먹을 때면 굼떴지만 사람을 졸졸 따라다녀 정이 가던 포르쉐의 죽음 때문에 무겁던 마음을 눈치 챈 양 그들만의 독특한 방법으로 위로를 해주었지요.

지난여름 새로운 대장으로 등극하던 날의 위풍이는 정말 볼만 했답니다. 며느리발톱을 송곳처럼 세워 자신의 덩치보다 큰 검정 토종닭을 일격에 제압하던 그 당당한 품새는 아마 한동안 눈에 선할 것입니다. 누군가의 성공은 또 다른 누군가를 딛고 서야 함도 그날 눈치 챘습니다.

오랫동안 군림하던 검정 닭은 밉살스러웠지요. 모이 앞에서는 인정사정없이 탐욕스러워 매번 눈살을 찌푸리게 했답니다. 자신이 거느린 암탉에게까지 먹이를 양보하지 않았으니까요. 그에 비하면 위풍이는 얼마나 멋졌는지요. 버릇없이 먹이통을 기웃대는 햇내기는 여지없이 그에게 혼찌검을 당했지만 나름대로 서열을 지키는 놈들에게는 의젓했으니 말입니다. 자신의 암컷뿐 아니라 더부살이 하던 실크오골계에게도 늠름하였지요. 그러니 우리는 모두 은근히 위풍이의 등극에 박수를 보낸 셈이었습니다.

권좌에서 물러난 이후 닭장에도 들지 못하던 수탉이 어느 날 홀로 거닐던 암컷을 넘보다 정수리가 휀해지도록 위풍이에게 추달을 당하던 모습은 또 한 편의 드라마였지요.

한 젊은이가 생각납니다. 몇 해 전 이곳에서 하룻밤을 묵었던 젊은이가 어느 날 오토바이를 타고 혼자 나타났지요. 부모님과 함께 면회를 왔던 여자친구가 결혼 약속까지 해놓고 불의의 사고로 먼 길 떠났다네요. 그녀와의 추억이 깃든 저수지를 배회할 때는 쓸데없는 걱정으로 가슴을 졸였습니다. 하지만 나는 그 젊은이가 다시 씩씩하게 세상 속으로 들어갈 거라고 굳게 믿었습니다. 왜냐하면 결코 이곳에서는 어느 한 목숨도 소홀할 수 없음을 피부로 느낄 수 있으니까요.

그래요, 풍경화펜션에서 벌어지는 일들 하나하나는 내게 큰 가르침이고 이 집의 식솔들은 진정한 스승입니다. 그뿐 아니지요. 골짜기에 부는 바람, 비탈에 선 나무, 하늘을 나는 새, 척박한 땅 가리지 않는 들꽃, 도마뱀을 비롯해 계절에 순응하며 사는 모든 것들이 다 위대한 스승입니다. 그동안 무딘 내 붓끝으로 그들을 그리려고 했던 것이 욕심이었음을 새삼 깨닫습니다. 그렇지만 무심코 흘려보내던 사물의 현상에 대해 관심을 기울이게 된 것을 참으로 소중하게 생각합니다. (2010)

그와 그녀

고향을 떠나와 머나먼 타국 땅에 나무를 심는 한 남자가 있었다. 펜실베니아의 넓은 땅을 두고 좁디좁은 한국땅 하고도 서해안 귀퉁이에 자리 잡은 남자는 고향의 가족들을 못내 그리워하면서도 운명처럼 이국땅에다 초록 꿈을 심었다.

통역장교로 한국땅을 밟은 청년이 노인이 되어 죽음에 들 때까지 심은 나무가 18만 평의 땅에 빼곡하였다. 그가 한 톨 한 톨 땅에 꽂은 씨앗은 비와 바람과 햇볕에 날개를 달아 '신의 비밀정원'이 되었다.

'내가 죽은 뒤에 자식처럼 키운 나무를 마지막 선물로 남긴다'는 말을 끝으로 어느 날 홀연히 영원의 땅으로 돌아간 그. 평생 나무와 풀과 꽃과 결혼한 그의 자손은 셀 수 없이 많아 나름의 모양새와 향기로 그의 넋을 기리고 있다.

무지몽매한 손이 탈까봐 오랫동안 감추어두었다고 한다. 이제 어느 누구도 함부로 건드릴 수 없게 성장한 수목들을 두고 그는 어이 눈을 감았을까. 그의 체취가 곳곳에 배어있는 천리포수목원은 말 그대로 평화롭고 아늑하였다.

이렇게 평화로운 곳에도 갈등은 있었다. 목을 조이듯, 숨을 조이듯 칭칭 감고 올라가는 등나무로 인해 시들어 가는 소나무. 우리는 보통 서로 양보하지 않고 대립하는 것을 보면 칡과 등나무가 얽히는 것을 떠올리며 '갈등(葛藤)'이란 단어를 쓴다. 그러나 생전의 그는 모든 생명체들이 그 나름의 방식으로 살아가게 마련이니 인위의 손을 대지 말라고 했단다. 소나무를 살린다고 애꿎은 등나무를 자를 수는 없는 일, 모두가 평등한 한 그루의 수목일 뿐이었다.

그처럼 아무리 귀한 나무를 못 살게 굴어도 관대하기만 한 그가 딱 한 가지에 집착하였으니 블루베리다. 멀리 태평양을 함께 건너온 블루베리는 그의 고향이고 혈육이었다. 모든 게 자연 그대로여야 한다는 그의 신념도 산하를 그리는 마음 앞에서만은 유난했던 것이다. 관리인들이 잘 못 가지라도 함부로 자를까봐 보호망까지 치면서까지 블루베리에게 애정을 쏟았다.

운명의 신이 있어 그를 이곳 천리포에 붙들어 매었다면 그는 블루베리를 철망 속에 가두었던 것이다.

그가 두고 왔던 펜실베니아 그 땅에 조선의 한 여인이 지금 나무를 심고 있다고 하였다. 그녀도 숙명처럼 홀로 고독과 싸우며 대지에 씨앗을 뿌리고 있다. 나는 지금 그녀를 만나러 태평양을 건너려고 한다. 많은 사람들이 혈육으로 맺은 자손들에게 재산을 남기기 위하여 맹목적으로 앞을 향해 뛸 때 나무를 심는 저들의 심정, 그 마음이 무엇인가를 그녀를 만나면 물어볼 참이다.

(2009)

나도 미치고 싶다

휴일 아침 올림픽도로를 달리다 10여 그루의 소나무 사이에서 트럼펫을 부는 사내를 보았다. 그의 모습은 순식간에 스쳐 지나갔지만 내 귀에는 트럼펫 특유의 높고 경쾌한 음색이 들리는 듯했다. 어이하여 그는 홀로 소나무를 관중 삼아 트럼펫을 불고 있는가. 그 모습이 머릿속에서 내내 지워지지 않았다.

아마도 닭장처럼 지어진 아파트에서는 끓어오르는 열정을 분출하기가 어려웠으리라. 저쪽 시멘트 벽 너머 이웃은 그의 용솟음치는 뜨거움을 이해하기보다는 소음으로 몰아붙였을 수도 있었을 게다. 멀리 갈 필요도 없이 아내조차 그를 밖으로 내몰았을지도.

그러고 보니 오래전 어둠이 깃을 내린 저녁, 퇴근길에 피리

부는 사나이를 만난 적이 있다. 관객도 하나 없는 어둠 속에서 셔터 내린 건물을 배경으로 피리를 부는 사나이는 온전히 자신의 세계에 빠져 무아경에 든 듯하였다. 그곳을 지나던 사람들이 별 미친 사람 다 봤다는 듯 힐끔거렸지만 그는 오로지 자신의 연주에 몰두하여 눈총은 아랑곳없었다.

무언가에 몰두함은 오롯이 그것에 미치는 일이다. '미치다'의 사전적 풀이로는 '어떤 일에 지나치게 열중'함을 뜻하지만 나는 열정(熱情)과 동일한 의미를 부여하고 싶다.

자신 소유의 집 한 채가 없어 오피스텔을 전전하시는 시인께서 요즘 신이 나셨다. 아주 작고 예쁜 장난감 나무집 열댓 채를 손수 지으셨기 때문이다. 나무를 깎고 다듬는 손길이 바쁘기만 하다. 세심하게 사포질을 하고 물감을 칠하는 모습은 참으로 진지하기 짝이 없다. 올겨울 동안 선반에 그득 줄을 세우실거라며 기염을 토하는 표정은 환하고 밝다.

시를 쓰고 틈틈이 그림을 그리던 솜씨를 발휘하여 조막만한 나무동강이에 공을 들이는 그 모습은 보통 사람의 눈으로는 이해하기 힘들다. 시간이 아까워 새벽 4시면 일어나 움직이기 시작하는 시인의 하루 일과는 늘 분망하다. 틈만 나면 길을 나서고 무엇이든 일거리를 찾아 쉴 새 없이 평생을 사셨으니 그 노력의 조금만이라도 돈 되는 일에 신경을 썼더라면 그까짓 집

한 채 장만이 대수였겠는가.

오로지 50년 시력(詩歷)으로 남은 스물대여섯 권의 저서만이 노시인의 자존심에 힘을 보탤 뿐이니 이 또한 미치지 않고서는 어림없는 일이다.

무언가에 미친 사람들이 또 있다. 지난여름에 나는 난생처음으로 뉴욕에 갔다. 그곳에서 특별한 삶을 사는 동포 두 분을 만났던 것이다.

그중에 한 분은 95세인 화가였다. 그분에게 연세는 정말 숫자에 불과했다. 아직도 꿈꾸는 소년처럼 자신의 땅에 호수를 만들고 싶다는 말에 나는 실소를 했다. 이미 있는 두 개의 연못으로는 성이 차지 않아 넓은 호수를 만드는 공사를 벌였다가 주정부로부터 벌금까지 물었지만 절대 포기하지 않을 거라는 말씀에는 비장함마저 묻어 있었다.

"내 땅을 왜 내 마음대로 못하게 하는지 모르겠어."

백수를 바라보는 그분이 호수를 꼭 갖고 싶은 의미는 무엇일까 생각해 보았다.

뿐인가. 이 땅을 떠난 지가 반세기가 넘었지만 아직도 고향을 잊지 못하고 계셨다. 맨해튼 살림집 옥상에 고향을 옮겨놓고 계셨으니…. 이곳 한국에서도 남쪽지방에 가야 볼 수 있는 무화과나무와 감나무가 그곳에 심겨져 있었다. 나무는 제 자라던 곳의 열매와는 비교가 안될 만큼 작았지만 그것만으로도 충분히 주인의 마음을 위로하는 듯했다.

화가의 방에서 나는 또 진한 감동을 받았다. 방금 작업을 하다 둔 듯 여기저기 널브러진 도구와 그림에는 젊은이들이 흉내 낼 수 없는 뜨거운 열정이 그대로 묻어 있었다. 그날 노화가는 알록달록 물감 묻은 낡은 구두에 구멍 난 청바지 차림으로 8층에서 1층까지 우리를 배웅하였다.

또 한 분은 나무를 심는 여인이다. 20대 젊은 나이로 미국 땅을 밟아 70세가 된 그녀는 우리나라의 남산만한 산을 가지고 있었다. 시간만 나면 그 산에 나무를 심으러 간다니 이 또한 보통 일이 아니었다.

마침 주말이라 우리 일행은 2시간 30분 거리나 되는 그의 산에 갔다. 밤늦은 시각에 도착하니 30년 되었다는 집과 나이를 알 수 없는 아까시나무가 맞아 주었다. 아까시나무가 그처럼 우람한 것을 나는 처음 보았다. 나무도 수령이 오래면 득도를 하는지 수도승처럼 가시를 안으로 감추어 포근해 보였다. 아까시라고 일러주고서야 가시나무인 걸 눈치 채었다.

그 낡은 집에서 밤을 보내고 새벽산책길에 나서는데 주인이 발밑을 조심하라고 하였다. 내려다보니 댓돌 아래에 뱀이 똬리를 틀고 있었다. 화들짝 놀라는 내게 누구든 자신을 해코지 하지 않으면 공격하지 않는다며 장난스런 표정으로 웃었다. 아, 그곳에서는 모두가 함께 사는 식솔이었다.

그는 자연을 훼손하지 않는 상태로 빈 곳이 생기면 그에 알맞은 나무를 심는다고 했다. 여인이 가장 아끼는 희귀한 목련들은 특별대우를 받고 있었다. 평생 독신으로 살아오는 동안 자신이 사랑했던 사람, 자신을 사랑했던 사람들의 이니셜 명찰을 달고….

그 넓은 곳에 빽빽하게 들어선 갖가지 나무들, 그것만이라도 입을 다물지 못하겠는데 다음 주에는 '산소공장'을 만들러 갈 예정이라고 하여 또 한 번 나를 놀랬다.

"산소도 만들어서 팔아요?"

내 우문에 여인의 현답이 돌아왔다. 나무를 심으면 산소가 발생하니 그게 자연 산소공장이 아니냐고. 그리고 한 사람이 평생 들이키는 산소의 양에는 천 그루의 나무가 필요한데 개인이 그만큼 나무를 심는 경우가 드물기 때문에 자신이라도 많이 심어야 셈평이 맞지 않겠냐고…. 그래서 충청도 넓이의 땅을 사둔 남미의 니카라과에 나무를 심으러 간다는 설명이다.

내 것, 내 자식에게만 연연하는 속물의 소견으로는 내 나라,

내 땅도 아닌 곳에 나무를 심는다니, 이야말로 미치지 않고서는 있을 수 없는 일이었다.

그의 지론에 의하면 어느 곳에 나무를 심던 하늘은 경계가 없으니 우리가 공동으로 사용할 수 있는 산소가 생성된다는 이야기다. 죽는 날까지 그렇게 나무를 심겠다는 여인을 보면서 무언가에 몰두하는 것은 참 아름답다고 다시금 느꼈던 것이다.

나도 그들처럼 어떤 일에 오롯이 미치고 싶다.

(2009)

내가 좋아하는 우리말

동두깨비

"정아, '동두깨비' 살자. 니캉내캉 신랑각시하고."

반세기가 다 된 지금도 귀에 삼삼한 말이다.

살굼사리, 빵개이, 반주께미, 버금사리 등 그 말도 다양한 '소꿉놀이'를 뜻하는 내 고향 말, 동두깨비를 이제 어디서 들을 수 있으려나. 더불어 '니캉내캉(너하고 나하고)'에 스민 그 친근한 어감은 또 어떻고.

날만 새면 사립문에서 나를 불러내던 덕이, 버들개지 곰방대를 입에 물고 곧잘 어른 흉내를 내던 그는 어느 하늘 밑에서 옹골진 삶을 살고 있을까.

사금파리를 그릇 삼아 풀씨로 밥을 짓고 꽃잎 으깨어 찬을 만들어 상을 차리며 어른 흉내에 날이 저무는 줄 모르던 시절이었다. 저물녘이면 흙 묻은 손 탁탁 털고 미련없이 집으로 내달리곤 했지만 다음날이면 또 그 자리에 옹기종기 모이던 깨복쟁이들. 우리는 그렇게 자라 또 다른 동두깨비를 위해 헤어졌다.

그러고 보면 사람의 한살이조차 동두깨비에 지나지 않는 것 같다. 그때처럼 손 탁탁 털고 빈손인 채 본향으로 돌아갈 그날까지 소꿉놀이하듯 하루하루를 살아가는 것은 아닐는지.

언젠가부터 행방이 묘연한 덕이가 오늘따라 엄청 그립다. 억세지만 감칠맛 나는 경상도 억양의 그 말을 한 번만 더 듣고 싶다.

"우리, 동두깨비 살자. 니캉내캉 신랑각시하고…."

곰비임비와 살강

아직도 나는 잦은 꿈속에서 어린 날의 나를 만난다. 더러는 논두렁을 뛰어다니며 메뚜기를 잡고 개울에서 멱을 감는다. 어느 날은 또래의 아이들과 사금파리를 세간 삼아 소꿉질을 하느라 깊이 잠들지 못할 때도 있다.

'정지'라고 불리던 부엌의 정경은 내게 참 오랫동안 따스하게 자리 잡고 있다. 반찬을 넣어두는 찬장과는 별도로 부엌 한쪽 벽을 가로지른 살강은 내가 아무리 까치발로 돋움을 해도 닿을 수 없는 곳이었다. 어린 나는 외숙모가 설거지한 그릇을 곰비임비 쌓는 모습을 쳐다보는 것만으로도 황홀했다. 내 소꿉과는 비교도 되지 않는 사기그릇과 놋그릇들이 피라미드를 이루며 질서정연하게 쌓이는 그 모양이라니.

살강에는 그릇 따위만 있는 게 아니었다. 애벌 삶은 보리쌀이 담긴 대소쿠리가 매달리기도, 꿀단지가 신주처럼 모셔져 있기도 하였다.

물건이 거듭 쌓이거나 무슨 일이 계속 일어나는 모양을 뜻하는 '곰비임비'와 요즈음의 조리대나 싱크대와는 그 느낌부터 다른 '살강'이라는 말을 나는 예쁜 어감 때문에 언제나 마음에 품고 있다.

어디 그뿐인가. 살강 아래에는 솔가리가 얌전히 쌓여 있곤 하였다. 다소곳하고 음전한 품새는 갓 시집 온 새색시를 닮아 있었지만 불길만 닿으면 뜨겁게 달궈져 불쏘시개로서의 역할을 다하던 솔가리도 살강과 함께 떠오르는 또 하나의 이미지다.

'살강 밑에서 숟가락 얻었다'는 옛말이 있다. 남이 빠트린 물건을 얻어서 횡재했다고 좋아하나 임자가 너무도 분명하여 결국은 헛좋았음을 뜻하기도 하고 아주 사소한 일을 하고 떠벌리고 자랑하는 사람을 넌지시 비꼬는 말이기도 하다. 이런 몇몇 어린 날 즐겨 쓰던 단어들이 내 글의 도처에 거의 무의식으로 치솟아 나는 가끔 오늘의 말로 교통정리를 할 때가 있다. (2008)

아래층 남자

허리도 휘지 않은, 어깨도 기울지 않은, 반듯한 젊은 병사를 연상케 하는 아래층 남자와 인사를 나누는 날이면 나는 참 기분 좋은 하루를 예감한다.

빨간색 체크무늬 셔츠에 카메라를 어깨에 둘러맨 아주 핸섬한 모습으로 마주치는 날이면 덩달아 나도 꿈꾸는 소녀가 된다. 그런 날이면 필경 젊은이들과 어울려 산에 간다는 걸 나는 짐작을 한다. 산을 타며 청춘을 구가하는 남자, 산에서 '너덜겅' '된비알' 등 우리말을 줍는 그분은 다름 아닌 함동선 선생님이시다.

이렇게 산에 올라 호연지기를 뽐내는 젊은 선생님이 팔순을 맞으신다니 믿기지 않는다. 아마 평생을 문학 속에 묻혀 사셨으니 늙으실 겨를이 없으셨던 모양이다.

한 번도 머리카락을 흩트린 적이 없는, 아무리 반가운 이를 만나도 최소한의 동작으로 반가움을 표시하는, 넥타이 대신 머플러를 얌전히 묶어 가슴 깊이 밀어 넣은 신사. 언제 뵈어도 조심스러운, 곁을 전혀 주지 않는 듯하지만 어쩌다 내 사무실에 들러 한 잔의 차를 나눌 때면 나는 또 다른 면모를 엿보게 된다. 겉으론 냉정하지만 속 깊은 정이 꼭꼭 여민 머플러 아래 그 어디쯤에 담겨있음을 눈치 채기 때문이다.

휴전선 너머 갈 수 없는 고향을 가진 선생님이기에 나는 좀 더 가까운 느낌이 드는지도 모른다. 그것은 내 아버지의 아픔이기도 하여 더 절절하게 다가오는 것이리라. 스무 살 남짓의 청년이 팔순이 되도록 못내 잊지 못하는 두고 온 그 고향, 가슴 찢어지는 그리움이 쌓여 한(恨)이 된 어머니. 주검을 확인하지 못했으므로 아직도 북쪽 하늘 아래 어딘가에 살아계심을 고집하느라 제사도 못 지내는 아버지의 그 심경을 선생님의 시에서 나는 확인한다.

> 한 번만이라도 고향에 가야지
> 밤을 타고 산을 넘는 나날을 보내다가
> 휠체어에 앉은 채
> 아들을 알아보지 못하는 아버지

병상에서 '왜 이제 오느냐' 하는 어머니
아들은
남과 북을 잇는 고리 구실을 했는데
너무 늦었구나
마른 입을 다시고 물을 마시고
색 바랜 사진을 꺼내놓고
50년 이산 속의 3박 4일은
뜨거운 돌 위에 떨어진 물 한 방울처럼
짧기만 하구나
그래서 부모의 꾸지람을 듣고
형제와 싸우던 옛집이 보고 싶었을 거다
된장찌개에
밥 한끼라도 먹었으면 했을 거다
허지만 이젠 흘릴 눈물도 남지 않았으니
만남의 기쁨보다
다시는 만나지 못할 거라는 생각에
서로 건강을 당부하지만
두 번의 불효가 가슴 미어지게 하는 거
너무나 아픈 만남이었는지 모른다
잠깐일 거다
부적을 허리춤에 넣어주시던 어머니의 손을 놓고
고향을 떠난 지가 50년이 된
나를 보면서
남은 것은 그리움과 기다림뿐이다

- 함동선, 「남은 것은 그리움과 기다림뿐이다」 전문

그래서 나는 선생님 시의 뿌리가 되어 곳곳에서 모습을 드러내는 고향을 만날 때마다 눈시울이 뜨거워진다.

아래층 남자라고 버릇없는 말을 했지만 선생님은 내가 태어나던 해에 문단에 나오셨으니 하늘같은 선배님이시다. 내가 문단 말석에 낄 무렵에는 이미 까마득한 곳에 수장으로 계셨다. 종종 행사장에서 먼빛으로나마 우러러 뵙는 것만으로도 대단한 영광이었다.

지인이 20년 전쯤에 선생님의 강의를 들었다고 자랑하면서 선생님의 인기가 얼마만큼 대단했는지를 새삼스레 들려줄 때도 부러움만 키웠을 뿐이다.

그런데 언감생심 꿈도 못 꾸어본 행운이 내게 왔다. 우연히 사무실을 얻어 입주를 하고 보니 아래층에 선생님의 집필실이 있었다. 그날부터 내 어깨에 힘이 들어갔음은 당연지사. 선생님과 한 지붕, 한 건물에 머문다는 것은 굉장한 배경이 아닌가. 그러니 좀 으스댄들 누가 흉을 보랴.

요 몇 년 동안 힘든 고비를 넘기셨다는 선생님, 그래도 여전히 정정한 모습을 보여주시는 선생님. 오래오래 건강하셔서 철없는 나의 영원한 아래층 남자이길 빈다. (2009)

집을 위한 길 떠나기
- 수필집 『빗소리 · 바람소리 · 숨소리』를 읽고

20여 년 전 처음 오기환 선생님을 뵈었을 때가 지금도 어제인 양 떠오른다. 한동안 나는 선생님을 만나면 많이 조심스러웠다. 깐깐하고 강직해 보이는 인상 때문에. 하지만 얼마 지나지 않아 그 강직함은 겉모습일 뿐이고 '부드럽고, 눈물 많으신' 분임을 눈치챘다. 오히려 한없이 시린 가슴을 안고 외로움을 타시는 분이다. 선생님은 그 외로움을 길을 걷고 걸으면서 끝없이 사색하여 작품으로 승화 시킨다.

> 혼자 걷는 것은 사색을 하는 것이다.……걷기는 지식을 지혜로 만드는 과정이다.……글을 읽거나 쓰다가 막힐 때면 자리를 털고 일어나 길을 나선다. 혼자 걷고 또 걷는다.
>
> -「길, 길을 걷는다」 중에서

자신이 눈물 젖은 빵의 의미를 알기에 상대의 어려움도 헤아리는 그 진정성에 나는 여러 번 감동을 한 적이 있다. 뿐인가, 그 진정성에 바탕을 둔 인간애로 수필을 쓰신다.

> 굴밥집 할머니는 바다에 남편을 묻었다. 바람이 세차게 불던 날 배를 몰고 나갔다가 돌아오지 않는다. 그 뒤로는 생선을 입에 대지 않는다.
>
> -「겨울바다에는 바람만 산다」 중에서

나는 이즈음 선생님께 불만이 있다. '정에서 노염난다'는 옛말처럼 정다울수록 예의를 지켜야 함을 염두에 둔 것인지 선생님은 오랜 연수에도 여전히 한참이나 손아래인 내게 예의 바른 모습으로 대한다. 이젠 임의로울 만큼의 시간이 흐르지 않았는가? 하지만 나 혼자 선생님이 마치 가까운 피붙이 오라버니인 양 여기며 스스럼없이 대하고 화장하지 않은 민낯도 보인다. 이런 내 행동이 버르장머리 없다고 나무랄지 모르지만, 아무리 상대가 서운하게 했어도 도와달라고 손 내밀면 주저하지 않고 달려가는 선생님의 성품을 익히 알기에 나는 더 어리광을 부릴 작정이다.

내가 이렇게 억지를 부리는 데는 또 이유가 있다. 한 번 마음을 주면 도무지 변할 줄 모르는 일편단심은 세월이 흘러도 여전히 현재진행형으로 그 자리를 맴돌고 있을 뿐만 아니라 주변의 지인들에게도 고스란히 적용되기 때문이다. 인연이 닿은 이들에게 보내는 따스한 관심, 그것은 끊으려야 끊을 수 없는 선생님 식의 정 나눔이다. 그것이 사람이든 음식이든…

> 시공관도 헐리고 그 근처에 있던 그네가 살던 집도 헐리고 그 자리에 빌딩이 들어서있다. 그 빌딩 앞을, 역전옥 앞을, 자주 기웃거리던 그 집 앞을 스치듯 지나친다.
>
> -「그때 그 맛」 중에서

강자를 향한 의분을 참지 못할 때면 강직함이 진면목을 드러내고 가엾고 애처로운 이에게는 한없이 약해지는 분인 선생님 스스로를 잘 드러낸 작품이 있다.

> 나는 주류인가 비주류인가. 비주류, 주류사회로 진입하는 길목 가까이 가보지도 못한 비주류 중에 비주류다. …… 주류적인 삶보다는 비주류적인 삶을 살아내면서 내 인생의 길, 지금까지 살아온 대로 그 길을, 아니 숙명의 길을 걸어갈 수밖에 없다.
>
> -「비주류들의 시대」 중에서

요즘 나는 선생님의 수필이 어느 경지에 도달하지 않았나 여긴다. 그 누구도 흉내낼 수 없는 선생님만의 문체가 확고하게 형성된 집(家), 켜켜이 가슴에 쌓였던 한(恨)을 모두 토해내고 한 단계 더 높이 승화된 결실의 집, 더 깊이 사색하고 더 따스한 눈으로 세상을 바라보는 선생님의 집을 나는 확연하게 엿본다.

(2014)

불을 품고 있는 시인, 성춘복 선생님

성춘복 선생님은 이 시대의 마지막 선비임에 틀림없다. 스승이신 김구용 선생님을 본보기 삼아 추구하는 선비정신에다 시(詩)·서(書)·화(畵)의 독특한 경지를 이루었음은 자타가 공인하는 바이다. 그뿐만이 아니다. 선생님은 멋을 알아 그 조화를 그려내고, 맛을 알아 그를 음미할 줄 안다. 또한 인생의 묘미를 알아 즐길 줄 아는 멋쟁이시다.

선생님의 사무실은 매일 이른 아침부터 어김없이 열려있다. 남과 같이 자고 남과 같이 깨어서는 아무것도 할 수 없다는 부지런함으로 끊임없이 글을 쓰고 그림을 그리느라 새벽부터 분주하시다. 또한 언제라도 찾아오는 문인들을 위해 커피를 갈고 향기로운 차를 준비한다. 그것은 자신보다 남을 배려하는 성품이 그대로 드러나는 예이다.

나는 어린 시절 시인은 밥도 먹지 않고 뒷간에도 가지 않고 이슬만 먹고 사는 줄 알았다. 하지만 일찌감치 시인도 생활인임을 눈치 챘다. 그런데 여기 아직도 철들지 않은 어른이 있으니 바로 성선생님이다.

> 나는 예술적 기술이라는 점을 늘 생각하고 있다. 만약에 창조적 측면이 고려되지 않는다면 단순한 기술로 치부되어 한갓 돈벌이의 방법에 지나지 않는다 할 것이다.

오로지 경재적인 계산보다는 감성적인 로맨티스트로 사시는 선생님은 요 몇 년 겨울이면 강변으로의 줄달음으로 바쁘다. 몇 천 킬로의 긴 장정으로 남한강을 찾는 백조를 만나기 위한 걸음과 흥분된 표정은 정말 순진무구한 어린아이에 다를 바 없다. 그런 삶의 방식이 이어져 선생님은 철저히 가난하다. 또 철저히 부자이기도 하다. 평생을 그토록 부지런을 떨었건만 자신 소유의 것은 아무것도 가지지 않는 선생님은 항상 주변 사람에게 나눠줄 게 많다. 세계를 돌며 사 모은 수집품까지도 그에 맞춤한 이라 여겨지면 흔쾌히 내놓는 행동은 욕심을 다 비운 모습이다. 하다못해 꽃잎을 말려 손수 만든 카드 한 장이라도 주고 싶어 안달을 하는 정경은 행복을 나눠주는 전령사 같기도 하다. 한 송이 꽃잎조차도 선생님의 손을 거치면 세상에 하나밖에 없는 작품이 되는데 그것이 씨앗이 되어 누군가가 선생님으로부터 그 카드를 받는 순간 덩달아 기꺼워지는 것이다.

예를 들면 보잘것없지만 특별한 몸짓의 새 한 마리, 양초 한 자루, 종이 한 장을 발견하여 손에 넣었을 때의 그 표정이란 옆에서 지켜보는 사람까지 느껍게 만든다. 스스로 만족해하며 환한 웃음을 머금는 그 모습은 욕심을 다 버린 달관이 아닌가. 그리하여 우리 같은 속인들에게는 작은 것에서도 큰 행복을 얻을 수 있음을 깨닫게 해준다.

군중 속의 고독이란 말이 있듯이 인간은 근본적으로 고독하다. 그중에서도 예술가의 삶은 더 개인적이고 더 고독한 작업일 수밖에 없다. 베푸는 삶을 사는 선생님 주변에는 항상 사람들이 들끓는다. 하지만 운명적으로 선생님은 고독을 즐기신다. 그리하여 그 에너지를 창작으로 끌어올리는 것 같다.

창조적 노력으로 개인의 고독을 극한대까지 부각시키고 그 위에 올라서서 다채로워지기를 스스로 바라며 자신에 매료되는 흔쾌함에 몸을 던지곤 한다.

'간결하고, 소탈하며, 정겹고, 몽환적이며 우주적이다.'

선생님을 간결하게 표현한 김영기 문학평론가의 말이다. 여기에다 나는 '자신의 감정에 충실하고 솔직한 분'라고 덧붙이고 싶다. 선생님은 여태도 불같이 뜨거운 사랑을 하고 있다. 온몸이 신열에 들떠 몰두하는 삶, 영원히 채워지지 않는 그리움을 향한 가슴앓이를 하는 그 뜨거움은 50여 년의 세월에도 식지 않아 이번 제16시집의 제목도 『내 안 뜨거워』이다. 그 정열은 도대체 어디로부터 오는 것일까? 그런 뜨거운 가슴이 뭔가에 맹목적으로 몰두하게 하고, 불같은 삶을 살게 하는 동력이 되는 것이라 짐작해 볼 뿐이다.

"많은 길을 걷는 사람, 많은 경험을 한 사람은 그렇지 않은 사람보다 많이 깨어있었고 많이 경험했으므로 많이 살아낸 사람이다. 같은 나이라 해서 같은 시간, 같은 세월을 사는 것이 아니다"라는 자신의 말씀처럼 오늘도 여전히 바쁘게 길을 나서고 있는 선생님.

'인생에 후회는 없다', '인생이 아름다워야 한다면 꿈은 매우 소중한 것이다'는 평소의 소신대로 후회 없는 인생을 위해 아직도 꿈을 좇는 '어린 왕자' 닮은 선생님의 길이 더 뜨겁고 아름답기를 빈다.

(2009. 『문학관』)

악 몽

서럽고 무서웠다. 하여 소리 내어 울었다. 울음소리에 놀라 눈을 뜨니 꿈이었다. 온몸은 땀에 흠씬 젖었고 감정이 진정되질 않는다. 그래도 꿈속에서의 그 공포에 가까운 절망감은 사라진다. 조금 찜찜해도 꿈인 줄 안 이상 두려울 것은 없다. 원래 무서운 꿈일수록 좋은 일이 생긴다고 하지 않던가. 스스로 위안을 삼는데 불현듯 그녀가 떠오른다.

20여 년 전 뒤늦게 검정고시를 준비하던 때였다. 학원에서 만나 친하게 된 그녀는 방향이 같아 자주 내 차를 탔다. 수심 가득한 모습이 연민스러웠지만 나는 혹 그의 상처를 덧들이게 할까봐 모른 체하였다.

몇 번을 벼르더니 어느 날 그녀가 우리 집에 놀러왔다. 차를 준비하고 있는데 갑자기 그녀의 흐느끼는 소리가 들렸다. 너무나 갑작스런 일이라 나는 적잖이 당황했다. 방금 전까지 텔레비전에서는 지나간 영화를 방송하고 있을 뿐이었는데 그마저도 꺼져 있었다. 이해할 수 없었다. 간혹 나도 영화나 드라마를 보고 눈시울을 적시지만 그녀는 정도가 심한 것 같았다.

한참을 서럽게 울던 그녀가 무겁게 입을 떼었다. 그늘은 졌지만 곱디고운 모습과는 대조적인 그녀의 과거에 나는 경악했다.

티 없이 순수했던 시절, 서울만 가면 돈을 벌 수 있다는 부푼 꿈을 안고 그녀는 고향에서 올라왔단다. 자동개폐기가 일반화되기 전까지 어엿한 직종이던 버스 안내양으로 취직을 하여 동생 넷을 꼭 대학에 보내리라 다짐했다. 남의 땅을 일구며 연명하는 부모님께는 논도 사드릴 계획이었다.

하지만 오래지 않아 그녀는 생각했던 만큼 현실이 녹록하지 않음을 알았다. 꼭두새벽부터 종일 사람들에 시달리고 멀미나도록 기름냄새 맡으며 뛰어도 돌아오는 것은 멸시와 천대뿐. 가끔 기사에게 상납하기 위해 수입금에 손을 대어야했을 때는 일말의 비애를 느꼈다. 한 달 두 달 시간이 흐를수록 조바심이 일었다.

그즈음 구원 같은 손길이 있었다. 쉽게 돈을 벌 수 있다고 했다. 오빠처럼 따르던 청년의 말이었기에 의심할 여지가 없었다. 어쩌면 사라져가던 꿈을 살릴 수 있을 것 같아 그녀는 밤

잠을 설칠 지경이었다.

마냥 꿈에 부풀어 청년을 따라간 곳은 이웃 도시였다. 그날 밤 그녀는 처음 본 사내에게 처녀성을 잃었다. 청년은 사라지고 없었다. 톡톡히 신고식을 치르고 난 며칠 뒤부터 그녀는 부나비 같은 손님을 받아야 했다.

어둠이 깔리기 시작할 무렵이면 진열장에 앉았다가 기웃대던 사내들의 손가락이 그녀를 향하면 말없이 좁은 계단을 올라가야 했다. 욕정을 배설하는 사내들의 역한 냄새에 욕지기질을 하면서도 몸을 팔아야 했다.

치욕의 날들이 계속되는 동안 그 청년이 주변을 맴돌고 있음을 알았다. 반갑고 다행스러웠다. 그리고 아이러니하게도 자신이 그 청년을 사랑한다는 사실을 깨달았다. 알 수 없는 것이 사람의 마음이라지만 원수를 삼아도 모자랄 판에 오히려 그가 잠시만 보이지 않아도 불안했다. 오죽하면 어디로 도망가서 함께 살자고 애원을 했을까.

이곳에서 제발 도망시켜 달라고 매달렸다. 청년은 고개를 끄덕였고 얼마 뒤 희망의 날이 다가왔다. 그녀는 오직 이곳만 벗어나면 지난날들은 그저 악몽으로 치부할 수 있을 것 같았다. 기다리는 시간은 너무도 느리게 흘렀지만 그래도 그날은 왔다.

한데, 그가 주선한 도망 길의 끝은 미아리의 속칭 텍사스촌이었다. 그녀의 몸뚱어리가 그에게는 노리갯감이고 거래하는 상품일 뿐이었던 것이다. 그의 배신에 치를 떨었지만 그것도 잠시였다. 도리어 그의 품에 안겨 잠드는 순간만은 행복했다니….

어떤 식으로든 혼자 도망 가버리지 왜 그토록 오랫동안 끌려다녔냐는 내 말이 내 귀에도 공허하였다.

"말처럼 쉬웠으면 얼마나 좋았을까."

그녀는 씁쓸히 웃었다.

그녀의 청춘은 그렇게 시들어갔다. 퇴물 나이가 되어서야 비로소 자유를 얻었지만 오라는 데도, 갈 데도 없었다. 오물이 된 그녀가 발을 들여놓기에 고향은 너무 멀고 두려웠다. 고향을 더럽히고 싶지 않았다.

그녀의 눈물은 거기까지였다. 그녀보다 내가 더 울고 있었다. 그와의 뒷이야기는 묻지 않았다. 묻지 않는 것이 예의이기도 하지만 그녀를 존중해주고 싶어서였다. 그녀의 사랑법을 내 잣대로 잴 수는 없지 않은가. 겨우 내가 한 말은 '이제라도 공부를 시작한 그 결심이면 무슨 일인들 못하겠느냐'였다.

어차피 사는 일은 한 편의 드라마인 것. 긴 악몽에서 깨어난 그녀이기에 더욱더 감동적이고 리얼한 시나리오를 쓸 수 있으리라 나는 믿어 의심치 않았다.

이제는 소식조차 모르게 된 그녀가 오늘따라 유난히 보고 싶다.

그대는 천사표

- 손영순 선생님께

우리 한양 식구들의 큰언니, 선생님은 세상에 많은 덕을 쌓는 분이십니다. 어찜 그리도 선량할 수 있는지요.

저는 선생님의 모습을 떠올리면 언제나 마음이 따뜻해집니다. 항상 자신보다는 상대를 먼저 배려하고, 먹을 것 하나라도 내 입보다 옆 사람 입에 넣어주시려는 그 몸짓은 어디서부터 솟아나는 것일까 한동안 궁금했답니다. 이제는 서로의 속내를 짐작할 수 있을 만큼의 시간이 흘렀습니다.

대소가의 궂은 일 다 하시고도 힘든 내색 않는 선생님은 시집에서도 맏며느리요, 친정에서도 맏이의 자리를 운명적으로 타고 나신 것 같습니다. 그러니 일이 몸에 배어 우리들과 하룻밤의 여정에서도 먼저 팔을 걷어붙이시어 꾀를 부리는 우리를 민망하게 하기도 하지요.

시어머니 하늘나라에 드시도록 길 닦아드리고 한시름 놓나 했더니 요즘은 더 바쁘시다면서요. 저녁마다 94세 친정어머니와 무릎을 맞대고 무얼 하시는지도 저는 안답니다. 노모를 위해 나이 칠십이 넘어 색동옷을 입고 춤을 추던 효자 노래자도 선생님 효성에는 못 미칠 것 같습니다. 요즘같이 어른 우습게 보는 세상에서 더욱 그러하지요. 물론 선생님이 세상 때 묻지 않고 그처럼 살 수 있게 든든한 배경이 되어주시는 바깥 선생님도 저는 존경합니다.

선생님을 처음 만나던 20여 년 전 그때, 저는 어린 두 아이들을 데리고 사느라 힘겨웠습니다. 벌어먹고 살기도 힘든 판에 언감생심 수필 쓰기라니요. 그런데 피붙이 큰언니처럼 김치 한 통, 빵 한 조각이라도 손에 들려 보내려던 선생님의 따스함은 저를 일으켜 세운 힘이었습니다.

오랜 세월 함께하다보니 선생님의 평소와 다른 모습을 본 적이 있습니다. 96년도인가, 수필문학 추천작가회 본 행사가 끝나고 뒤풀이 자리였지요. 한 잔 술에 도도해진 선생님이 노래 한 곡 시작할 때만 해도 분위기는 그냥 그랬어요. 그런데 음정, 박자 무시한 노래를 온몸을 쥐어짜듯 하며 열창을 하는 모습에 우린 모두 배를 잡고 뒹굴었답니다. 서먹하던 분위기가 화기애애해졌음은 설명할 필요도 없지요. 단연 그날의 톱스타셨지요.

평소와는 또 다른 지극히 인간적인 모습에 저는 감동했답니다. 자신보다는 다른 이들을 위한 몸 던짐, 아님 꽁꽁 숨겨두었던 열정이었을까요. 아니요, 순수 그 자체였어요.

그 순수함과 열정이 밑바탕 되어 선생님 식의 따스한 문장을 다듬는 거지요. 요즘 들어 세상소리에 어두워지는 선생님이 잠시 안타깝지만 이내 높으신 분의 뜻임을 깨닫습니다. 천사표 선생님이 때묻을까봐 그분이 탁한 소리를 적당히 걸러주시는 게지요.

순수한 그 마음 그대로 오래오래 강건하셔서 제 곁을, 우리 한양수필의 큰언니 자리를 지켜주시길 늘 기도합니다.

2014년 늦은 가을에

평설

매화나무를 위한 연(戀)의 연(緣)

- 우희정의 삶과 수필

박양근
(문학평론가, 부경대 교수)

두 분을 맞으면서

우희정의 수필에는 수목원의 빛과 향기가 잠겨있다. 그곳은 한 그루 거목을 배경으로 매화와 상사화가 부채모양으로 피어난 도시 속의 전원이다. 그녀의 일생도 "나무를 심고 꽃을 가꾸는 여류작가"로 요약된다. 인생이라는 나무를 키우는 일은 생각 이상으로 힘들다. 하지만 그녀는 30년 가까이 때로는 좌절할지라도 끝까지 생의 나무를 지켰다. 그리고 어느 날 홀연히 "우뚝 선 나무 한 그루"가 그녀를 찾아왔다.

우희정의 제6수필집 『매화나무와 놀기』는 우희정의 이러한 삶을 대변한다. 초본당(草本堂) 주인으로서 『매화나무와 놀기』에 나무를 소재로 한 많은 작품을 포함시킨 것도 경이로우면서 당연하다. 제3수필집 『속절없다, 시린 꽃빛아』가 한때의 아픈 상처에서 돋아난 꽃글로 이루어졌다면 『매화나무와 놀기』는 "하늘과 바다와 세상의 꿈"을 이루려는 늦깎이 사랑을 펼쳐낸다. 탄식과 환희의 한숨과 웃음을 터뜨리며 읽어내다보면 그녀와 한 분 선생의 모습을 함께 만난다.

우희정은 여자로 새롭게 태어났다. 사랑과 생명과 꿈을 되찾은 시점은 매화나무를 닮은 거목이 그녀 곁으로 다가왔을 때이다. 자신과 S선생을 "철없는 커플"이라고 말할지라도 "높이 우뚝 솟은 사랑의 수목"을 키우고 있는 사람들이 그들이다.

1. 부채로 피운 매화

『매화나무와 놀기』는 사랑놀이를 매화 닮은 필체로 수놓은 연서 같은 수필 모음집이다. 매화는 겨울의 혹한을 이겨내고 신춘을 알려주는 영춘목 중의 첫 나무이다. 수필집 서문에 밝힌 "모든 게 때가 있는 법"은 삶이란 조급한 투쟁이 아니라 여유와 달관임을 배운 작가의 생철학을 요약한 말이다.

내 젊은 날, 계절로 치면 봄이었던 그때도 그랬다. 어찌 그리도 시간이 느리게 가는지, 하는 일마다 온통 조바심이었다.

마냥 느리기만 하던 세월이 언젠가부터는 쏜살같아 셈하는 것만으로도 머리가 아플 지경이었다.

그런 내게 다시금 시간의 흐름을 느리게 해주는 나무와의 만남은 행운이다. 아니, 함께 느끼워하고 장단을 맞추어주는 그가 옆에 있어 더 행운이다.

이제는 평온한 심정으로 때를 기다릴 줄 안다.

-「책을 내면서」 일부

우희정은 『수필문학』으로 등단하고 '도서출판 소소리' 대표를 맡으면서 보여준 활동은 성실한 노력 속의 기다림이다. 6·25 전쟁 때 홀로 남한에 남은 인민군 병사였던 아버지의 딸로서 그녀에게는 마음 놓고 기댈 기둥도, 든든한 빽도 없었다. 20대 중반부터 혼자되면서 '얼음공주'라는 별명을 얻을 정도로 자신을 지켜야 했다. 그 강박증을 오직 수필쓰기와 편집활동으로 해소하였다. 때늦은 천주교 입문은 그녀가 맞아들인 마음의 기둥이지만 적막한 일상을 따뜻하게 해줄 반려자는 쉽게 오지 않았다. 「까치놀」은 "더 이상 한 발자국도 앞으로 나갈 수 없는 절벽" 같은 그 시절을 그려낸다.

「한 그루의 나무를 심는 일」은 미래를 가꾸는 일이다. 그 나무에는 어느 누군가를 맞이하고 싶은 꿈이 담겨있다. 우희정은 홀로 나무와 꽃을 심었다. 죽고 사는 것조차 초월하려 하였다. 그녀가 지켜보는 한 그루의 나무는 당연히 감히 엿볼 수 없는 인연이었다. 호를 '초본당'으로 짓고 나무를 소재로 한 글을 숱하게 쓴 노력의 결실일까. 마침내 성춘복 시인과의 인연이 돋아 올랐다.

성춘복 선생과의 인연은 문인으로서의 만남으로 시작한다. 인연을 맺기 전 우희정은 선생의 인품을 「불을 품고 있는 시인, 성춘복 선생님」에서 말한다. 그녀가 멀리서 바라본 선생은 "선비정신, 인생의 멋쟁이, 화가이면서 작가, 감성적인 로맨티스트, 순진무구한 어린아이, 욕심을 버린 철학자"로서 한국문인들이 익히 알고 있는 선생의 인품이다.

> 나는 '자신의 감정에 충실하고 솔직한 분'라고 덧붙이고 싶다. 선생님은 여태도 불같이 뜨거운 사랑을 하고 있다. 온몸이 신열에 들떠 몰두하는 삶, 영원히 채워지지 않는 그리움을 향한 가슴앓이를 하는 그 뜨거움은 50여 년의 세월에도 식지 않아 이번 제16시집의 제목도 『내 안 뜨거워』이다. 그 정열은 도대체 어디로부터 오는 것일까?
>
> -「불을 품고 있는 시인, 성춘복 선생님」 일부

그러나 우희정은 남다른 시선으로 선생의 숨은 인품을 찾아내었다. 그것은 속으로만 타오르는 뜨거운 열정이다. 선생의 열정을 보다 구체적으로 풀이해낸다. "불을 품고 있는 시인, 거대한 나무 같은 보디가드, 97개의 부채를 보내준 신사, 예쁜 장난감 열댓 채를 손수 짓는 화가"를 거쳐 "하늘과 바다가 만나는 연분을 이루는 부부"로 완성시킨 서사적 전기이다.

두 사람의 만남은 한국문단의 화젯거리가 되었다. 20세 이상의 나이차와 한국문단을 대표했던 수장과 잡지사 편집장의 만남은 현실적으로 건너기 힘든 강이었다. 당연히 우희정은 선생의 완숙한 열정에 쉽사리 응답할 수 없었다. 그분의 열정은 뜨거웠지만 동시에 더없이 은근하여 작가가 고백하듯이 쉽게 알아차리지 못했다.

두 사람의 만남은 한국문단에서 두고두고 이야기할 만한 일화감이다. 그들이 만나 동행을 이룬 과정을 요약하면 설중매가 떠오른다. 우희정이 제2수필집 『폴라리스』를 발간하였을 때 선생은 표지그림을 그렸다. 2002년 한겨울에 눈이 펄펄 날리던 날, 표지그림을 전해주며 선생이 그림 값으로 차 한 잔 사라고 했지만 눈치가 먹통인 우희정은 부도수표를 발행하였다. 2년 후 선생은 우희정의 수필과 선생의 그림이 합쳐진 부채를 들고 다시 찾아왔지만 여전히 그녀는 남자의 속정을 눈치 채지 못하였다. 그때가 2004년이었다. 이후 선생은 기회가 있을 때마다, 백 번을 채워도 체념하지 않을 고집 같은 의지로 부채만 내밀고 돌아섰다. 세월이 흐르면서 그녀의 마음이 흔들렸다. 97번째의 부채를 받은 2009년 어느 겨울날, 마침내 그분에게 향한 마음의 문을 열었다. 그동안 6년의 세월이 속절없이 지나갔다. 우희정은 무엇보다 종종 그것이 한탄스럽다고 말한다.

부채는 8개의 덕성을 갖는다. 언제든 자신의 몸으로 무더위와 해충을 쫓아낸다. 자신의 몸을 바닥에 깔아 상대방을 받쳐 준다. 모든 것이 희생과 헌신이다. 선생의 부채는 또 하나의 미덕을 갖는다. "부챗살을 펼칠 때의 엄전스레 드러내는 풍광"이 부채 주인의 인품이라는 점이다.

> 그 모습에 아쉬움을 느낀 것이 언제부터였는지 나는 알지 못한다. 아쉬움이 날로 진한 여운으로 가슴에 고이기 시작했고 그 깊은 곳으로부터 따뜻하고 부드럽고 향기로운 안개가 피어났다. 그렇게 돌아서 가는 그의 고독과 열정이 오롯이 전이되어 나는 많이 앓았다. 전해 줄 게 있다는 그의 말이 무시로 맴돌았다.
>
> -「부채」 일부

부채가 전해주는 침묵의 말은 무엇인가. 그것은 아마도 두려움을 이겨내라는 용기가 아닐까 싶다. 우희정은 첫 번째 부채를 받고나서는 어리둥절하였지만 언제부터인가 선생의 뒷모습에 담긴 고독을 제 것으로 느꼈을 것이고, 여든 번째 쯤에서는 다가온 운명을 손잡아야할 것인가를 밤새워 번민하였을 것이다. 드디어 백 번에서 세 번을 남긴 97번째, 그녀는 세상의 시선을 이겨낼 용기를 얻었다.

「부채」에서 일부 인용한 위 단락은 이러한 과정을 고스란히 드러낸다. 새벽해가 떠오르면 잔잔한 호반의 안개가 피어난다. 마음에서 일어나는 흠모의 심정을 동영상처럼 그려낸다. "따뜻하고 부드럽고 향기로운 안개가 피어났다"는 사랑의 풍경은 문장력과 연모를 함께 갖춘 필력에서만 가능할 것이다. 완숙한 나이에 다다른 사람의 열정은 젊은이의 격정이 아니라 부채의 덕성과 같은 엄전한 믿음이라고 말하고 있다.

부채가 맺어준 그들은 지금 조그마한 집에서 산다. "부족하면 부족한 대로 서로에게 부채의 덕성을 모두 바치고 있는" 그들의 사랑이 오롯이 전달된다. 그런 그들의 집은 누옥이 아니라 궁전보다 아름답고 장엄하다.

2. 비파로 품는 사랑

우희정은 두 사람이 함께 살아갈 조그만 터를 원한다. 세상의 시선에서 벗어나 꽃과 나무를 가꿀 수 있는 사랑을 지키기를 소망한다. 그 소원이 2013년 크리스마스이브에 기적처럼 이루어진다.

그런데 정말 우리가, 내가 그에 버금가는 집을 갖게 되었으니

> 흥분하지 않을 수 있으랴. 기왕에 우리 식구가 된 비파를 추운 계절이 오면 어느 시인처럼 솜이불이라도 둘러 애지중지 키우리라 마음먹는다. 어찌 알겠는가. '거문고와 비파'라는 뜻을 지닌 그 덕분에 금슬지락(琴瑟之樂)이 철철 넘쳐 그와 내가 더욱 알콩달콩 해질는지.
>
> -「비파를 그리며」 일부

우희정에게 선생은 정신적 집이다. 당연히 그녀가 원하는 또 다른 집은 '우리의' 성역이다. 혼탁한 세파(世波)에서도 행복의 세류(世流)를 따를 수 있도록 갖가지 과수와 꽃을 심는 정원이 있으면 한다. 산다는 것은 앞만 보고 다람쥐 쳇바퀴처럼 돌리는 것이라고 믿었던 일중독자, 권태로움과 피로감으로 지친 몸매 자그마한 여인, 그래도 자신의 이름을 굳게 지켜온 우희정, 두 사람이 서로의 그늘을 내주기까지 각각 수십 년의 시련을 감내하여 왔으므로 부부의 사랑을 당당하게 표현한다. 그녀가 때늦은 욕심을 부린들 신조차 그냥 조용히 미소 지으며 지켜볼 것이다. 이러한 자신감과 당당함을 찾은 글이 「비파를 그리며」이다.

하지만 집중력 있는 그녀의 사랑에는 죽음의 그림자가 깔려 있다. 「내가 나에게 건네는 편지」에서 그녀는 "생명 있는 모든 것들에게 숙명처럼 다가온 그림자가 죽음"이라고 말한다. 그러나 우희정은 죽음을 두려워하기보다 그것을 달관한다. 죽음에 대한 두려움을 뛰어넘음으로서 얻은 자유로 사랑의 에너지를 발휘한다. "후회, 눈물, 시련"이라는 단어보다는 "연리지, 비파, 매화, 나무"라는 언어에 더 몸을 기대면서 시간 속에서 시간을 벗어나고 있다.

시간의 끝이 죽음이다. 자신들의 만남을 "때늦게, 대책 없이"라고 말하듯이 "하늘과 바다가 어울리는" 기적 같은 사랑을 얻어도 유한한 생명에 대한 탄식은 어쩔 수 없다. 그들이 필요로 하는 것은 오직 시간이다. 그들만의 장소에서 "가슴에 피멍이 들도록 후회 없는 그리움"을 한 방울까지 쏟아내려는 이유도 "사랑이 길기를 원하나 인생은 짧다"는 현실 때문이다. 「보고 싶어도 보고 싶은 당신」은 이와 같은 곡진한 탄식을 보여준다.

> 사랑이 젊은이들만의 전유물은 아니잖아요. 절실하기야 젊은이들에 비할 바가 아니고요. 우리에게 주어진 시간이 얼마 되지 않을 것 같아 더 안타깝고, 더 서러울 뿐.
>
> 내 목숨을 떼어 당신 목숨에 잇댈 수만 있다면….
>
> -「보고 싶어도 보고 싶은 당신」 일부

우희정은 사랑이 무엇임을 절감했다. 절감한 사랑을 표현하는 법도 배웠다. 그것은 "내 목숨을 떼어 당신 목숨에 잇댈 수만 있다면…"이라는 절규이며 애원이다. 목숨을 떼어 상대방의 시간에 잇대어주는 것. 장기 이식은 가능하지만 시간의 이식은 신조차 할 수 없다. 작가는 그 불가능을 가능으로 바꾸려 한다. 선생이 우희정을 맞아들이면서, "언제 죽을지 모를 사람이 젊은 사람 앞길 막는 것 아닌지 몰라"라고 말한 의미를 보다 일찍이 알아차리지 못하였다. 저문 인생에 맞이하려는 새 인연에게 선생은 무슨 말을 달리 할 수 있었겠는가. 우희정은 열여덟 글자로 무한대의 사랑을 토로함으로써 그 눈치 없음을 참회한다. 그래서 「보고 싶어도 보고 싶은 당신」은 때늦게 맞이한 그분에게 바치는 참회록이다. 사랑과 헌신의 기도문이기도 하다.

사랑이라는 말은 추상적이다. 사랑을 헌신과 희생과 책임이라는 풀이도 관념적이다. 우희정은 그냥 "내 목숨을 떼어 당신 목숨에 잇댄다"는 몸말을 쓴다. 이로써 사랑을 갈구하는 모든 자들에게 전율과 환희를 일으킨다.

그들이 사는 방식은 순진하고 천진하다. 사랑에 빠지면 유치해진다는 말을 그들은 부끄러워하지 않는다. 대책 없는, 그러나 분명한 대책이 있는 두 문사의 삶이 연작수필로 이어진다. 빨리 흘러가기만 하는 세월을 순연하게 따르면서 "머리를 찾은 불상"처럼 한 몸으로 살자는 다짐이 「나를 그리는 소리」에 있다. 「가을 여행 셋」은 여정록(旅程錄)으로서 삶의 이치를 가르쳐주고 인간적 외로움을 나누어주는 선생에 대한 존경심이 묻어있다. 「상사화를 기다리며」는 나이 차이를 극복한 부부애를 꽃으로 형상화한다.

우희정의 사랑이 꽃으로 개화한다. 나아가 꽃말로 수필에 담는다. 상사화가 두 사람의 인연을 기리는 꽃이라면 비파는 두 사람의 행복을 기원하는 꽃이다. 자연의 꽃은 언젠가 시들지만 그들의 연화(緣花)는 시간을 초월한다.

3. 수국과 불두화를 키우며

우희정과 선생의 동행은 풍경화펜션에서 시작한다. 풍경화펜션은 두 사람의 지인이 운영하는 조그마한 농장으로 사람과 동물이 평화롭게 공존하는 보금자리이다. 그곳을 찾아 두 사람은 휴식을 함께 취하곤 했다. 인근의 호수 풍경과 '쿡쿡이, 위풍이, 당당이, 이쁜이, 금순이, 달구'로 불리는 동물들은 두 사람의 인연을 탄탄하게 엮어주는 자연의 친구들로 등장한다.

> 그래요, 풍경화펜션에서 벌어지는 일들 하나하나는 내게 큰 가르침이고 이 집의 식솔들은 진정한 스승입니다. 그뿐 아니지요. 골짜기에 부는 바람, 비탈에 선 나무, 하늘을 나는 새, 척박한 땅 가리지 않는 들꽃, 도마뱀을 비롯해 계절에 순응하며 사는 모든 것들이 다 위대한 스승입니다. 그동안 무딘 내 붓끝으로 그들을 그리려고 했던 것이 욕심이었음을 새삼 깨닫습니다.
>
> -「풍경화의 식솔들」 일부

풍경화펜션의 식솔들이 가르쳐주는 것은 자연의 삶을 스승으로 삼으라는 전원주의적 인생론이다. 그때마다 선생이 멘토로서 그녀 곁에 서 있다. 『매화나무와 놀기』의 서문에서 "그날 이후 나무와 놀며 배운다"라고 고백하듯이 우희정의 삶은 "그와 더불어" 지내는 동안 달라졌다.

만남은 때때로 인생에 예상하지 않았던 변화를 일으킨다. 그것이 인연이고 기적임을 깨닫는 것은 쉽지 않다. 삶이라는 나무를 열심히 가꾼 사람만이, 무정한 시간과 처절하게 겨루는 사람만이, "그날 이후 그와 더불어" 하는 것이 인연이고 기적임을 알아차린다. 우희정은 그것을 배우고, 작품에 담아내면서 더욱 진지해진다. 그러므로 『매화나무와 놀기』라는 수필집은 선생이 제안한 동행에 대한 답사이다.

'하늘과 바다와 세상'에는 갖가지 평범한 꿈이 널려 있다. 누구나 그 꿈의 일부를 가질 수 있지만 자격이 필요하다. 한 그루의 나무와 한 쪽 부채에서조차 운명의 섭리를 깨우치고 사람 섬김의 이치를 배울 때 그 자격이 주어진다. 사랑으로 눈빛과 목소리가 달라지면 작품은 어떤 형상을 지닐까.

선생과의 만남 이후에 발표된 우희정의 작품들은 2009년을 기점으로 달라진다. 『부챗살 나들이』(2009)는 부채를 통하여 서로에게 포로가 된 과정을 부채로 은유화한 수필집이다. 2010

년 1월에 결혼식을 올리고 2013년 크리스마스이브에 현재의 집으로 이사한 후 그녀의 작품은 생명주의와 사랑그리기로 압축된다. 서술자의 시점이 현재로 가까워질수록 문체와 어조도 더욱 여유로워진다.

제2부와 제3부는 그 생의 변화를 고스란히 반영한다. 수년째 주말이면 찾아갔던 풍경화펜션의 식솔 이야기를 그려낼 때는 시선이 더욱 따뜻해진다. 월남한 아버지에 대한 회상을 그려내는 「울고 또 울고」에는 사별의 상처가 숨어있지만 「전진!」은 자식을 군대에 보낸 어머니의 씩씩한 자부심이 도드라진다. 두 사람이 함께 다녀온 해외여행도 성당과 미술관을 찾아가는 예술적 순례의 정취가 한껏 풍겨난다.

작가의 사랑을 대변하는 작품은 「수국과 불두화」이다. 수필집의 첫 자리를 차지하는 이 작품에서 수국과 불두화는 갖가지 색깔의 탐스러운 송아리로 묘사되어 있다. 그녀는 일본의 작은 도시에서 처음 보았던 초연한 청빛 수국과 늦은 봄날 풍수원 성당에서 처음 대면했던 불두화를 지금도 잊지 못한다. 이 꽃들은 그녀에게 청초한 고독과 순수한 사랑의 상징이다. 우희정은 자신의 집에서 키우는 수국을 '순수와 관용'이라고 부른다. 왜냐하면 두 꽃을 통해 외로웠던 과거에서 벗어나 풍성한 행복을 이루려 하기 때문이다.

시간 속의 소소리

『매화나무와 놀기』는 중년의 여류수필가와 원로시인, 우희정과 성춘복 선생이 이루어낸 초원의 빛과 영광이다. 그 빛과 영광은 풍경화펜션에서 창경궁 담장을 낀 그들만의 조그마한 집으로 옮겨진다. 초본당(草本堂) 주인 우희정이 마침내 매화나무 집 안주인이 되었다. 매화나무는 두 작가가 과거의 시련과 현재의 시간을 함께 초월하는 사랑을 의미한다.

"도서출판 소소리"의 뜻에는 그 꿈이 함축적으로 담겨있다. '높이 우뚝 솟은 모양'의 이미지는 세 개의 산봉우리로 이루어져 있다. 하나가 자신이 운영하는 출판사의 번영을 기원하는 뜻이라면 다른 하나는 여류 문사로의 삶을 소망하는 것이 아닐까. 그렇다면 중간에 우뚝 솟은 세 번째 산봉우리는 두 문사의 품격 있는 사랑을 뜻할 것이다. 아니면, 양쪽에 작은 두 봉우리는 우희정과 선생을 표현하고 둘이 만나 큰 사랑의 봉우리를 만든다고도 풀이할 수 있다.

그녀는 지금 매화나무와 논다. 그녀가 살기 위하여 한때 정신이 없었다면 지금은 S선생과 함께 하느라 촌음의 행복을 붙든다. 우희정의 수필세계를 연(戀)의 연(緣)이라 생각하면서 그 분들을 위한 결사(結辭)를 덧붙인다.

시간이여, 사랑의 생놀이를 하는 두 분을 위하여 느리고 느리게 흐르소서.